I0018715

Pierre Paul Monty

Traduction statistique par recherche locale

Pierre Paul Monty

Traduction statistique par recherche locale

Une alternative à l'exploration de l'espace des préfixes

-

Éditions universitaires européennes

Mentions légales/ Imprint (applicable pour l'Allemagne seulement/ only for Germany)

Information bibliographique publiée par la Deutsche Nationalbibliothek: La Deutsche Nationalbibliothek inscrit cette publication à la Deutsche Nationalbibliografie; des données bibliographiques détaillées sont disponibles sur internet à l'adresse http://dnb.d-nb.de.
Toutes marques et noms de produits mentionnés dans ce livre demeurent sous la protection des marques, des marques déposées et des brevets, et sont des marques ou des marques déposées de leurs détenteurs respectifs. L'utilisation des marques, noms de produits, noms communs, noms commerciaux, descriptions de produits, etc, même sans qu'ils soient mentionnés de façon particulière dans ce livre ne signifie en aucune façon que ces noms peuvent être utilisés sans restriction à l'égard de la législation pour la protection des marques et des marques déposées et pourraient donc être utilisés par quiconque.

Photo de la couverture: www.ingimage.com

Editeur: Éditions universitaires européennes est une marque déposée de Südwestdeutscher Verlag für Hochschulschriften GmbH & Co. KG
Dudweiler Landstr. 99, 66123 Sarrebruck, Allemagne
Téléphone +49 681 37 20 271-1, Fax +49 681 37 20 271-0
Email: info@editions-ue.com

Produit en Allemagne:
Schaltungsdienst Lange o.H.G., Berlin
Books on Demand GmbH, Norderstedt
Reha GmbH, Saarbrücken
Amazon Distribution GmbH, Leipzig
ISBN: 978-613-1-59080-1

Imprint (only for USA, GB)

Bibliographic information published by the Deutsche Nationalbibliothek: The Deutsche Nationalbibliothek lists this publication in the Deutsche Nationalbibliografie; detailed bibliographic data are available in the Internet at http://dnb.d-nb.de.
Any brand names and product names mentioned in this book are subject to trademark, brand or patent protection and are trademarks or registered trademarks of their respective holders. The use of brand names, product names, common names, trade names, product descriptions etc. even without a particular marking in this works is in no way to be construed to mean that such names may be regarded as unrestricted in respect of trademark and brand protection legislation and could thus be used by anyone.

Cover image: www.ingimage.com

Publisher: Éditions universitaires européennes is an imprint of the publishing house Südwestdeutscher Verlag für Hochschulschriften GmbH & Co. KG
Dudweiler Landstr. 99, 66123 Saarbrücken, Germany
Phone +49 681 37 20 271-1, Fax +49 681 37 20 271-0
Email: info@editions-ue.com

Printed in the U.S.A.
Printed in the U.K. by (see last page)
ISBN: 978-613-1-59080-1

TABLE DES MATIÈRES

ii

LISTE DES TABLEAUX

LISTE DES FIGURES

LISTE DES ALGORITHMES

x

LISTE DES ANNEXES

À Julie, Madeleine et Jérôme.

xiv

REMERCIEMENTS

Je tiens premièrement à remercier mon directeur de recherche, Philippe Langlais, sans qui ce mémoire et tout l'ouvrage qui lui est sous-jacent n'aurait pas été possible. Je tiens aussi à remercier Alexandre Patry et Fabrizio Gotti, leur expertise et savoir-faire, ainsi que les outils qu'ils mettent à la disposition de tous au RALI ont laissé des empreintes indélébiles sur mon travail. Merci à Stéphane et Jean Vaucher, leurs conseils m'ont guidé énormément dans ce long processus. Merci à ma famille et à celle de ma fiancée, sources de support inépuisables. Finalement, merci à Julie, Madeleine et Jérôme, mes raisons d'être.

CHAPITRE 1

INTRODUCTION

La traduction statistique vise l'automatisation du processus de traduction d'une langue naturelle vers une autre. Ceci peut être accompli en utilisant des techniques d'intelligence artificielle. Ce chapitre consiste en une courte présentation des fondements historiques et théoriques derrière ces techniques et de leur importance en traduction statistique, suivie de l'élaboration de la structure de ce mémoire. Nous débutons donc par un très bref aperçu du domaine de l'intelligence artificielle.

1.1 De l'intelligence artificielle à la traduction statistique

L'intelligence artificielle se veut une *extériorisation* des processus cognitifs humains. Elle ne prend pas racine dans les développements récents en informatique, mais plutôt en Grèce antique. Par exemple, dans ses syllogismes, Aristote cherche à codifier les processus intellectuels qui permettent à un individu d'affirmer ou d'infirmer une proposition. L'exemple 1.1[1] montre une formulation célèbre. L'approche derrière les syllogismes d'Aristote constitue ce qu'on appellera quelques deux mille ans plus tard un algorithme d'intelligence artificielle.

$$
\begin{aligned}
&Tous\ les\ hommes\ sont\ mortels \\
&Socrate\ est\ un\ homme \\
&Donc,\ Socrate\ est\ mortel
\end{aligned}
\tag{1.1}
$$

Au fil des siècles, à l'aide de Descartes, Lovelace et Turing, pour n'en nommer que quelques-uns, le concept de l'intelligence artificielle s'est graduellement développé, même si on ne l'a pas nommé ainsi avant la deuxième moitié du XXe siècle.

---

[1] Ce syllogisme, longtemps attribué à Aristote, aurait été construit par Guillaume d'Ockham lors du XIVe siècle, tel que rapporté par Vernant (1986). Aristote aurait plutôt proposé la série d'énoncés suivante :

Tous les hommes sont mortels
Tous les Grecs sont des hommes
Donc tous les Grecs sont mortels

Aujourd'hui, quatre approches constituent les principaux courants de pensée en intelligence artificielle (Russell et Norvig, 2010). Un système intelligent peut :

1. penser comme un humain

2. agir comme un humain

3. penser rationnellement

4. agir rationnellement

Les prochaines sous-sections étalent l'idée générale derrière chacune de ces approches.

1.1.1 Penser comme un humain

Cette approche préconise le développement d'un système qui suit le même cheminement cognitif que celui d'un humain lors de l'accomplissement d'une action. Par exemple, avec GPS (General Problem Solver), Newell et Simon (1963) cherchaient non seulement à développer un programme capable d'effectuer des tâches de résolution de problèmes, mais aussi à construire des théories sur la pensée humaine. Dans le cadre de cette méthodologie où l'on conçoit l'humain lui-même comme un ordinateur, on cherche donc à créer des « *machines avec des esprits* » (Haugeland, 1989).

1.1.2 Agir comme un humain

Pour les tenants de cette approche, l'important est d'arriver à *performer* comme un humain lorsque confronté à une tâche cognitive. Le test de Turing (1950) est un examen auquel on soumet un système d'intelligence artificielle (IA) pour déterminer s'il est véritablement intelligent selon cette perspective. Cet examen est constitué d'une panoplie de tâches cognitives qu'un interrogateur humain demande à un système intelligent d'accomplir. Dans le cas où l'interrogateur ne peut pas déterminer si l'interrogé est humain ou non, on dit que le système a réussi le test. À ce jour, aucun système artificiellement intelligent n'a pu accomplir cet exploit.

1.1.3 Penser rationnellement

Cette branche de l'IA, que l'on nomme parfois branche *logiciste*, a beaucoup apporté au domaine en « *mettant l'accent sur le rôle central du contenu mental et d'un vocabulaire représentatif* », élabore Birnbaum (1991), tel que cité par Kirsh (1991). Les syllogismes évoqués précédemment sont un bel exemple de cette voie. Par contre, il est difficile d'y représenter l'incertitude. De plus, l'exhaustivité caractéristique de cette approche peut excéder les capacités computationnelles de tout ordinateur (Russell et Norvig, 2010).

1.1.4 Agir rationnellement

Cette approche définit rationalité comme étant une démarche consistante, selon une conduite prescrite. On cherche donc à créer un système d'IA dont le comportement correspond à cette définition. Face à un problème qu'il doit résoudre, un tel système prend toujours la meilleure décision possible étant donné sa connaissance du problème (Russell et Norvig, 2010). Ceci ouvre la porte à la gestion de l'incertitude et, par extension, la résolution de problèmes pour lesquels il est difficile de fournir une modélisation satisfaisante, ainsi que la résolution de problèmes intraitables, comme les problèmes NP-complets.

1.1.5 Et la traduction statistique ?

La traduction statistique en général, et plus particulièrement telle que nous l'effectuons grâce au système qui est le sujet de notre étude, s'ancre entièrement dans le paradigme de l'action rationnelle. Elle se base sur une approche nommée *apprentissage machine* (Russell et Norvig, 2010). Celle-ci exige qu'on effectue des observations quantifiables sur le comportement langagier humain en traduction afin de développer une stratégie informée vis-à-vis de l'univers à l'intérieur duquel un système de traduction statistique devra *agir rationnellement*.

Dans le cadre de notre travail, l'action rationnelle sur laquelle nous nous concentrons est l'étape de recherche en traduction statistique. Cette dernière représente un problème NP-complet (Knight, 1999) lorsqu'on permet la distorsion, phénomène que l'on décrira au chapitre 2. Russell et Norvig (2010) expliquent que les algorithmes de recherche locale mènent à des solutions tout à fait raisonnables là où des algorithmes optimaux s'avèrent trop dispendieux sur le plan computationnel pour la résolution de tels problèmes.

Nous croyons qu'à l'aide de la recherche locale, il est possible de réparer les erreurs pouvant s'infiltrer durant l'exploration de l'espace de recherche, tâche ardue lors de l'exploration de l'espace des préfixes par l'entremise d'un faisceau. De plus, cette dernière, une approche à l'état de l'art en traduction statistique, rend extrêmement difficile l'incorporation de modèles globaux nécessitant des solutions complètes. Ce problème est contourné en recherche locale puisqu'une solution complète est disponible à tout moment.

Nous désirons montrer qu'en se basant sur une heuristique de recherche locale, soit un algorithme glouton, on peut contourner certains coûts (Russell et Norvig, 2010) liés à la traduction statistique et permettre une flexibilité que nous jugeons nécessaire, tout en assurant la qualité des sorties produites.

1.2 Structure du mémoire

Le chapitre 2 constitue un état de l'art en traduction statistique. Dans ce chapitre, nous identifions quels sont les principaux défis de la traduction statistique, ainsi que les fondements mathématiques qui nous permettent de les relever. De plus, nous y avons inclus notre problématique ainsi qu'une description de la théorie derrière l'approche que nous adoptons afin de tenter de la résoudre. Dans le chapitre 3, nous discutons des détails algorithmiques de notre approche. Au chapitre 4 figurent les particularités de notre implémentation. Ceci nous permet de mieux contextualiser les expériences et les résultats qui font objet de discussion dans ce même chapitre. Nous concluons au chapitre 5.

CHAPITRE 2

TRADUCTION STATISTIQUE

2.1 Introduction

La traduction, au sens large, implique de transformer une séquence de mots appartenant à une langue source en une séquence de mots dans une langue cible, tout en conservant le sens original de cette séquence. Cette tâche est millénaire et se trouve à la base de toute interaction, culturelle ou commerciale, entre deux groupes ne communiquant pas dans la même langue.

Les premiers efforts d'automatisation de ce processus datent de 1933. Artsrouni et Trojanskij, de France et de Russie respectivement, développèrent indépendamment l'un de l'autre des machines qui servaient, entre autres, de dictionnaires mécaniques, mais aussi à la traduction. En 1946, la traduction automatique aura droit à ses premières interactions avec un outil qui lui donnera éventuellement ses lettres de noblesse : l'ordinateur (Hutchins, 2001). C'est ce dernier qui permettra de gérer les calculs nécessaires pour le bon fonctionnement de tout système de traduction automatique, statistique ou autre.

Dans ce chapitre, nous présentons en premier lieu les fondements mathématiques derrière la traduction statistique, suivis de notre problématique. À la fin du chapitre, nous proposons le contexte théorique derrière la solution que nous envisageons.

2.2 Fondements mathématiques

Supposons que nous voulons traduire une séquence de mots, par exemple une phrase, du français vers l'anglais. Nommons la phrase française $\mathbf{f}$ et la phrase anglaise $\mathbf{e}$. En traduction statistique, ceci est possible en ne faisant appel à aucune connaissance langagière formelle telle la grammaire, la syntaxe ou la sémantique. Dans ce cas, il est clair que toutes les séquences $\mathbf{e}$ appartenant à l'anglais sont des traductions potentielles de $\mathbf{f}$ (Brown et al., 1993). Nous associons donc un nombre, soit $Pr(\mathbf{e}|\mathbf{f})$, qui représente la probabilité conditionnelle d'obtenir la traduction $\mathbf{e}$, étant donné $\mathbf{f}$. Le théorème de Bayes nous fournit l'équation 2.1.

$$Pr(\mathbf{e}|\mathbf{f}) = \frac{Pr(\mathbf{e})Pr(\mathbf{f}|\mathbf{e})}{Pr(\mathbf{f})} \qquad (2.1)$$

Nommons $\hat{\mathbf{e}}$ la séquence de mots $\mathbf{e}$ qui maximise l'équation 2.1. Étant donné l'indépendance de $Pr(\mathbf{f})$ par rapport à $\mathbf{e}$, trouver $\hat{\mathbf{e}}$ peut donc s'exprimer à l'aide de l'équation 2.2.

$$\hat{e} = \underset{e}{\text{argmax}}\ Pr(\mathbf{e})Pr(\mathbf{f}|\mathbf{e}) \qquad (2.2)$$

L'équation 2.2 met en relief les trois défis de la traduction statistique (Brown et al., 1993), soit :

1. Modéliser la langue : $Pr(\mathbf{e})$.

2. Modéliser la traduction : $Pr(\mathbf{f}|\mathbf{e})$.

3. Créer un algorithme pour la recherche de la meilleure traduction : $\underset{e}{\text{argmax}}\ Pr(\mathbf{e})Pr(\mathbf{f}|\mathbf{e})$.

Les trois sections suivantes sont un bref aperçu des mesures qu'ont déjà prises certains chercheurs afin de relever ces défis.

2.3 Modèles de langue

Un modèle de langue est la description d'une langue (Chen, 1996). Il existe deux principales écoles de pensée quant à la nature de cette description, soit :

1. La tradition linguistique qui veut que la langue soit modélisée de manière déterministe.

2. La tendance plus récente qui évacue la linguistique formelle, se fiant plutôt à des modèles probabilistes ayant comme unité de base le *n-gram*.

Nous nous concentrons ici sur cette dernière. Nous expliquons en premier lieu ce qu'est un n-gram, et décrivons brièvement son utilisation dans un modèle de langue probabiliste ainsi que le lissage de ce dernier afin de gérer l'incertitude.

2.3.1 N-gram

Un modèle *n-gram* est constitué de séquences de n mots et attribue une probabilité à chacune d'entre elles. Tel que le font Chen et Goodman (1998), nous introduisons ce concept à l'aide d'un modèle bi-gram, c'est-à-dire où $n = 2$.

Imaginons une séquence s constituée des mots $w_1...w_l$. La probabilité de cette séquence, notée $p(s)$, est exprimée à l'aide de l'équation 2.3.

$$p(s) = p(w_1)p(w_2|w_1)p(w_3|w_1w_2)...p(w_l|w_1...w_{l-1}) = \prod_{i=1}^{l} p(w_i|w_1...w_{i-1}) \quad (2.3)$$

N-gram	Probabilité
le chat est noir foncé	0.000005
le chat noir est foncé	0.000004
le chat foncé est noir	0.000002

Tableau 2.1 – Exemples d'éléments d'un modèle n-gram.

Chen et Goodman (1998) se basent sur le travail de Markov (1913) afin d'effectuer l'approximation voulant que pour le bi-gram, la probabilité d'un mot ne dépende que du contexte fourni par le mot qui le précède dans s. L'équation 2.4 représente cette approximation. On la nomme *approximation markovienne* et elle est d'ordre $n-1$. Par exemple, dans ce cas-ci, l'ordre de l'approximation markovienne du bi-gram est $2-1 = 1$.

$$p(s) = \prod_{i=1}^{l} p(w_i | w_1 ... w_{i-1}) \approx \prod_{i=1}^{l} p(w_i | w_{i-1}) \qquad (2.4)$$

Lorsqu'on conditionne la probabilité de w_i à l'aide de plus qu'uniquement le mot qui le précède, donc où $n > 2$, on peut généraliser l'approximation décrite à l'équation 2.4 afin d'obtenir l'équation 2.5, où h = historique = w_{i-n+1}^{i-1}.

$$p(s) = \prod_{i=1}^{l} p(w_i | w_{i-n+1}^{i-1}) = \prod_{i=1}^{l} p(w_i | h) \qquad (2.5)$$

Au tableau 2.1, nous avons créé quelques exemples fictifs d'éléments d'un modèle n-gram simpliste où $n = 5$, afin d'illustrer plus concrètement à quoi ressemble un tel modèle. Les nombres dans la deuxième colonne représentent la vraisemblance des séquences correspondantes dans la première.

2.3.2 Entraînement et lissage

Nous avons maintenant un modèle pour évaluer la probabilité, ou vraisemblance, d'une séquence de mots. On peut calculer cette probabilité, soit $p(w_i | h)$, à l'aide de la fréquence relative de w_i par rapport à l'historique h selon l'équation 2.6, inspirée de celle de Chen (1996), où $c(x)$ est le nombre d'occurrences de x.

$$p(w_i | h) = \frac{c(hw_i)}{\sum_w c(hw)} \qquad (2.6)$$

On bâtit le modèle à l'aide d'un texte de grande taille que l'on nomme *corpus d'entraînement* en utilisant l'équation 2.6 pour estimer la probabilité de chaque n-gram qui s'y trouve. On peut ensuite utiliser ce modèle afin d'évaluer la vraisemblance de séquences de mots dans de nouveaux textes. Ceci fonctionne très bien si le n-gram pour lequel on veut calculer la probabilité a été vu dans

Source	Cible	Probabilité
chat	cat	0.57
chatte	cat	0.42
chats	cat	0.01

Tableau 2.2 – Exemples de couples de mots sources et cibles d'un modèle IBM.

le corpus d'entraînement. Par contre, en pratique, on cherche souvent à estimer la vraisemblance d'un n-gram qui n'apparaît pas dans le corpus ayant servi à l'entraînement du modèle de langue, même si ce dernier peut contenir jusqu'à des millions de n-grams. On doit alors répartir la masse de probabilité de sorte à attribuer une valeur à ces n-grams inconnus du modèle. Ceci se nomme le *lissage*. Plusieurs techniques ont été proposées, entre autres par Good (1953), Katz (1987) et Kneser et Ney (1995), pour n'en nommer que quelques-unes. Chen et Goodman (1998) montrent que celle proposée par Kneser et Ney (1995) est hautement satisfaisante. C'est elle que nous utilisons pour entraîner les modèles de langue dans nos expériences.

2.4 Modèles de traduction

Nous arrivons maintenant à la deuxième partie de l'équation 2.2 : le modèle de traduction, soit celui qui nous fournira $Pr(\mathbf{f}|\mathbf{e})$. Dans cette section, nous détaillons brièvement les étapes menant à la construction d'un tel modèle.

Reprenons tout d'abord la déclaration du début de cette section, celle qui stipule que toute séquence dans une langue cible est une traduction possible d'une séquence quelconque dans une langue source. On associe une probabilité à chacune de ces traductions, i.e. $Pr(\mathbf{f}|\mathbf{e})$. Un choix judicieux dans la distribution de ces probabilités permet d'obtenir des traductions de qualité (Brown et al., 1993). On y arrive, entre autre, en évaluant la probabilité de traduction d'une séquence de zéro, un ou plusieurs mots de la langue source vers une séquence de zéro, un ou plusieurs mots de la langue cible. On nomme ces séquences des *segments*[1].

Un modèle de traduction à base de segments ou MBS[2] est composé de paires de segments $(\mathbf{f}|\mathbf{e})$ extraits de manière heuristique (Koehn et al., 2003) à partir de modèles d'alignements IBM au niveau des mots (Brown et al., 1993). Le tableau 2.2 montre quelques exemples fictifs d'éléments d'un modèle IBM où un mot source, par exemple « chat » est traduit par « cat » selon une probabilité

---

[1]Dans la littérature, on utilise souvent le mot *phrase* pour référer à des segments. Nous préférons l'utilisation du terme *segment* à celle de *phrase* afin d'éviter l'ambiguïté créée par la coexistence de la définition plus courante de cette dernière, soit la fonction grammaticale du même nom.

[2]Nommé *Phrase Based Model* (PBM) en anglais.

Source	Cible	Probabilité
le chat noir	the black cat	0.61
le chat noir	the cat	0.22
le chat noir	cat	0.13
le chat noir	black	0.04

Tableau 2.3 – Exemples de couples de segments sources et cibles d'un MBS.

de 0.57. La dernière ligne du tableau 2.2 représente une faute d'orthographe observée une ou plusieurs fois lors de l'entraînement. Nous l'avons insérée dans le tableau afin de montrer que la qualité d'un modèle de traduction dépend de la qualité du texte sur lequel il a été entraîné. Ceci se fait sur un *bitexte* de taille imposante. Un bitexte est un corpus composé de deux textes où chaque phrase d'un des textes est en relation de traduction avec la phrase à la position correspondante dans l'autre texte et vice-versa. L'information relative à un couple de segments dans un MBS peut être représentée tel qu'au tableau 2.3 qui indique de manière fictive que « the black cat » a une probabilité de 0.61 d'être la traduction de « le chat noir ». Tel qu'on peut le voir dans ce tableau, il n'est pas impossible qu'un même segment soit traduit par plusieurs segments différents. Il est courant qu'un MBS soit composé de dizaines de millions de couples de segments en relation de traduction. C'est pourquoi il est d'une importance primordiale de relever le troisième défi de la traduction statistique à l'aide d'un algorithme effectuant un choix parmi les éléments d'un MBS de manière efficace. Ce défi est la recherche.

2.5 Recherche

Explorer l'espace de recherche généré par la traduction statistique demeure une tâche pour laquelle un algorithme universellement consensuel n'existe pas. En fait, en l'absence de contraintes réalistes, cette tâche constitue un problème NP-complet. La recherche prend naissance dans l'interaction entre le modèle de langue et le MBS, se formalisant à l'aide de l'expression $\underset{e}{\arg\max}\ Pr(\mathbf{e})Pr(\mathbf{f}|\mathbf{e})$. Comme nous avons vu dans les sections précédentes que les tailles du modèle de langue et du MBS peuvent être imposantes, cette interaction peut générer un espace de recherche potentiellement énorme. C'est pourquoi l'efficacité est un facteur déterminant dans tout système de traduction statistique lors de cette étape cruciale. Il est important de noter que par efficacité, nous désignons autant la capacité d'arriver à une solution satisfaisante que la performance au niveau du temps d'exécution et de l'espace mémoire afin d'arriver à cette solution. L'étape de la recherche en traduction statistique se nomme couramment le *décodage*.

Dans un premier lieu, nous présentons le décodage par exploration de l'espace des préfixes à l'aide de la programmation dynamique. Nous débouchons ensuite sur une brève explication des concepts de faisceau (*beam*) et de distorsion, menant à notre problématique et les fondements derrière l'approche que nous avons retenue afin de la résoudre.

2.5.1 Exploration de l'espace des préfixes par programmation dynamique

Toute approche par programmation dynamique (PD) implique une modélisation récursive du problème que l'on essaie de résoudre. Notons $Q(i, j, \mathbf{e}_i)$ la probabilité de la solution partielle $\mathbf{e}_1^i$ (Tillman et al., 1997) :

- i représente la dernière position dans la solution partielle, où $1 \leq i \leq I$ et I est inconnu pour l'instant.

- j représente la dernière position dans la phrase source ayant été traduite ou *couverte*[3] par la traduction $\mathbf{e}$, où $1 \leq j \leq J$ et $J = |\mathbf{f}|$.

- $\mathbf{e}_i$ est le dernier ajout à la phrase cible lors de l'étape précédente.

À l'aide de cette définition, on comprend que toute solution partielle est le préfixe d'une solution finale potentielle. L'espace de recherche est donc l'espace généré par tous les préfixes possibles pour une traduction de $\mathbf{f}$. On navigue dans cet espace jusqu'à ce qu'on trouve un préfixe $\hat{\mathbf{e}}$ qui couvre la phrase source entièrement et qui maximise une récursion semblable[4] à celle décrite dans l'équation 2.7, adaptée de celle présentée par Nießen et al. (1998).

$$Q(i, j, \mathbf{e}_i) = max \left\{ p(\mathbf{e}_i | \mathbf{e}_1^{i-1}) \cdot p(\mathbf{f}_j | \mathbf{e}_i) \cdot Q(i-1, j', \mathbf{e}_{i-1}) \right\} \qquad (2.7)$$

Note : j' est la dernière position couverte dans la phrase source lorsqu'on retire $\mathbf{e}_i$

Un désavantage lié à ce type de recherche est qu'il est difficile d'incorporer des modèles globaux qui nécessitent une traduction complète puisqu'elle n'est disponible qu'à la toute fin. Cependant, un avantage certain est de toujours avoir accès aux préfixes de solutions partielles. On peut donc sélectionner un préfixe qui mène vers une meilleure solution. Ce qui s'apparente à effectuer des modifications ailleurs qu'à l'endroit où l'on a concaténé le dernier segment. Nous nommons ce type de modification une *correction non-continue*. Par contre, ce

---

[3]Par couverture, on désigne généralement le nombre de mots de la phrase source qui sont traduits par des mots dans la phrase cible.
[4]Nous utilisons le mot « semblable », car plusieurs approches existent pour ce type de décodage, chacune ayant ses particularités.

retour en arrière comporte le risque de faire exploser le temps et l'espace de calcul exponentiellement (Nießen et al., 1998). L'utilisation d'un *faisceau*, tel que le fait MOSES (Koehn et al., 2007),permet de corriger cette fâcheuse conséquence.

2.5.2 Faisceau

Le décodage par faisceau est une technique d'élagage qui vise à éliminer les solutions partielles dont la probabilité, ou score, est très inférieure à celle de la meilleure solution partielle trouvée à date. L'élagage peut se faire de deux manières (Koehn, 2004), soit par seuillage, soit par histogrammes.

L'élagage par seuillage se fait selon une certaine proportion du score $\hat{s}$ du meilleur préfixe. Par exemple, si le score s d'une solution se trouve à être supérieur ou égal à $\alpha\hat{s}$, on conserve ce préfixe, autrement, on l'élimine. L'élagage par histogrammes est plus simple encore, on ne garde que les n meilleurs préfixes. Les autres sont écartés. Des valeurs typiques pour α et n sont 0.001 et 1000, respectivement (Koehn, 2004).

La recherche à l'aide d'un faisceau aide à réduire le temps et l'espace de calcul, mais implique que le *retour en arrière* vers la plupart des préfixes devient impossible, puisqu'ils ont été élagués. Ainsi, la solution globalement optimale, au sens des modèles, peut ne jamais être considérée. En d'autres mots, l'utilisation de cette technique d'élagage dans le décodage par PD retire à ce dernier sa propriété d'optimalité.

2.5.3 Distorsion

Un aspect de la traduction statistique passé sous silence jusqu'à date dans ce texte est la distorsion, caractéristique des traductions non-monotones. Avant d'en discuter, définissons d'abord la monotonie. Une traduction est dite monotone lorsque les segments cibles sont dans le même ordre dans la phrase cible que sont les segments sources qu'ils traduisent le sont dans la phrase source. Prenons par exemple la figure 2.1. Chaque segment cible est dans le même ordre dans la phrase cible que sa contrepartie l'est dans la phrase source. À l'opposé, la figure 2.2 montre une phrase source et une phrase cible dont les segments en relation de traduction ne sont pas dans le même ordre dans leur phrase respective. En traduction statistique, on nomme *distorsion* le processus par lequel on tente de reproduire ce phénomène.

La distorsion entre deux phrases en relation de traduction est donc parfois nécessaire lorsque la langue source et la langue cible présentent des particularités syntaxiques différentes. Par exemple, comme on peut voir à la figure 2.2, l'allemand et le français ne placent pas toujours le verbe au même endroit dans la phrase. Une bonne traduction d'une de ces langues vers l'autre doit, en théorie,

12

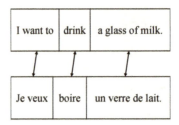

Figure 2.1 – Exemple d'une traduction monotone de l'anglais vers le français.

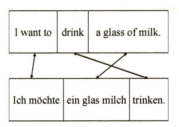

Figure 2.2 – Exemple d'une traduction avec distorsion de l'anglais vers l'allemand.

tenir compte de ce fait.

Il existe plusieurs manières de modéliser cette distorsion. Dans nos expériences, nous nous tenons à un modèle qui comptabilise la distance en mots d'un segment par rapport à sa position originale dans la phrase source.

2.5.4 Pénalité selon la taille de la phrase

Certains systèmes de traduction, tels PHARAOH et MOSES, pénalisent une traduction selon le nombre de mots qui la composent. Ceci est un moyen d'assurer que la phrase cible, la traduction, ne soit « *ni trop longue, ni trop courte* » (Koehn, 2010), mais d'une longueur caractéristique pour le passage de la langue source à la langue cible.

2.5.5 Calibrage

Tel que nous l'avons vu dans la section 2.2, un décodeur de traduction statistique doit maximiser l'interaction entre le modèle de langue et le modèle de traduction, selon l'équation $\mathsf{argmax}_{\mathbf{e}} \, Pr(\mathbf{e})Pr(\mathbf{f}|\mathbf{e})$. Il y a généralement quelques ajouts, comme la distorsion et la pénalité selon la taille de la phrase. Par exemple, le *décodeur*[5] de MOSES maximise l'équation 2.8 (Koehn, 2010).

$$p(\mathbf{e}|\mathbf{f}) = p(\mathbf{f}|\mathbf{e})^{\alpha} \cdot p(\mathbf{e})^{\beta} \cdot \mathsf{distorsion}(\mathbf{e}|\mathbf{f})^{\gamma} \cdot \mathsf{exp}(|\mathbf{e}| \cdot \delta) \qquad (2.8)$$

Il est a noter qu'en traduction statistique, il est courant d'utiliser des log-probabilités afin de travailler avec des valeurs plus digestes sur le plan computationnel. L'équation 2.8 devient donc l'équation 2.9 à l'aide du logarithme naturel.

$$\ln p(\mathbf{e}|\mathbf{f}) = \alpha \ln p(\mathbf{f}|\mathbf{e}) + \beta \ln p(\mathbf{e}) + \gamma \ln \mathsf{distorsion}(\mathbf{e}|\mathbf{f}) + \delta|\mathbf{e}| \qquad (2.9)$$

On doit donc calibrer les valeurs de α, β, γ et δ afin d'obtenir des traductions de qualité sur une assez grande quantité de phrases sources à traduire. On nomme l'ensemble de ces dernières *corpus de développement*[6]. Ceci peut se faire de plusieurs manières. Pour MOSES, il est courant d'utiliser MERT, ou *Minimum Error Rate Training*, (Och, 2003). On veut minimiser le nombre d'erreurs dans une traduction générée par un système de traduction statistique vis-à-vis d'une traduction référence. En traduction statistique, on évalue souvent cette erreur à l'aide de la métrique BLEU.

Un score BLEU se fonde sur le nombre de n-grams qu'ont en commun une traduction à évaluer et une ou plusieurs traductions références. Papineni et al. (2002) montrent que cette métrique a une corrélation forte avec une évaluation humaine.

2.6 Problématique

La recherche d'une traduction de probabilité maximale selon les modèles de langue et de traduction ($\underset{\mathbf{e}}{\mathsf{argmax}}\, Pr(\mathbf{e})Pr(\mathbf{f}|\mathbf{e})$) est un problème NP-complet (Knight, 1999) dès lors que la traduction n'est pas monotone. Nous avons vu dans la section 2.5 que l'exploration de l'espace des préfixes par PD rend difficile l'intégration de modèles nécessitant une traduction complète. De plus, bien que performante sur le plan de la qualité des traductions, cette approche est coûteuse en espace mémoire et en temps d'exécution à cause de son haut niveau de complexité. Nous avons également vu qu'il existe des stratégies pour remédier à la situation, tel le décodage par faisceau utilisé par MOSES. Par contre, en pratique, une approche par faisceau nécessite de considérer un nombre important d'hypothèses avant de procéder à l'élagage. De plus, cet élagage limite la capacité de *retourner en arrière* afin de sélectionner un meilleur préfixe, c'est-à dire

---

[5]Système qui effectue le décodage.
[6]*Development set* en anglais.

d'effectuer des corrections non-continues. La conséquence est claire : ce type de recherche est sous-optimal. Pour ces raisons, nous pensons que d'utiliser une alternative à l'exploration de l'espace des préfixes par PD pour la recherche en traduction statistique est souhaitable. Au chapitre 1, nous avons brièvement mentionné que selon Russell et Norvig (2010), la recherche locale représente une telle alternative. La section 2.7 est dédiée à la description de la méta-heuristique de la recherche locale et d'une de ses instanciations : l'algorithme glouton.

2.7 Recherche locale

Pour certains problèmes en intelligence artificielle, trouver la solution à un problème implique de connaître les différentes étapes qui ont mené à cette solution, comme par exemple, le mouvement des pièces aux échecs ou le chemin que se fraie un robot à travers un parcours. Dans ces situations, le point d'arrivée n'est pas la solution totale, cette dernière doit préciser les choix qui l'ont générée. Ceci n'est pas le cas en traduction statistique. Une fois la solution finale obtenue, le chemin ayant été suivi pour y arriver est sans importance. La recherche locale est une méta-heuristique qui convient parfaitement à ce type de problème.

Un algorithme de recherche locale représente la ou les solutions intermédiaires sous forme d'états. On voyage dans l'espace de recherche par incrément, dans le voisinage de l'état courant. Selon Russell et Norvig (2010), ce type d'approche présente deux avantages principaux :

1. Il utilise un espace mémoire habituellement petit, sinon constant.

2. Il peut mener à des solutions satisfaisantes lorsque face à des espaces de recherche où l'utilisation d'algorithmes optimaux est impraticable.

Contrairement à un algorithme optimal qui vise toujours la solution globalement maximale, un algorithme de recherche locale vise simplement une solution maximale, qu'elle le soit globalement ou localement (Russell et Norvig, 2010). Élucidons ce point à l'aide de la figure 2.3[7], où l'on peut voir la topologie simpliste d'un espace de recherche fictif. Les principales entités du paysage sont les

---

[7]Cette figure a été inspirée de celle fournie par Russell et Norvig (2010).

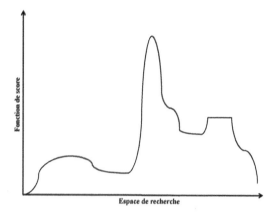

Figure 2.3 – Courbe qui est fonction d'un espace de recherche en abscisse selon un score en ordonnée.

suivantes :

- Maximum global : Le point le plus haut.

- Maximum local : Un sommet par rapport aux environs immédiats.

- Plateau : Maximum, local ou global, où les environs sont à la même altitude.

On peut observer dans la figure 2.3 qu'en allant de la gauche vers la droite, le premier sommet représente un maximum local, le deuxième le maximum global et le dernier, un plateau.

2.7.1 Algorithme glouton

Germann et al. (2001) et Germann (2003) ont implémenté un algorithme de recherche locale pour l'étape de décodage en traduction statistique. Plus spécifiquement, ils ont implémenté un algorithme glouton, type d'algorithme appartenant à la famille des heuristiques de recherche locale. Un algorithme glouton est nommé ainsi, car à chaque étape lors de l'exploration de l'espace de recherche, on choisit toujours le meilleur état voisin, sans chercher plus loin, tel un glouton devant un buffet composé de ses mets préférés.

Germann et al. (2001) et Germann (2003) amorcent leur algorithme glouton, une traduction complète initiale qu'ils nomment *gloss* et que nous nommons *amorce*. Ils obtiennent cette dernière en traduisant chaque mot de la phrase source par le mot le plus probable dans la langue cible, selon un modèle de traduction basé sur les mots. Ils ont ensuite mis à la disposition de leur décodeur une suite d'opérations de transformation que devra subir l'amorce. L'amorce transformée ayant la plus grande probabilité est retenue et celle-ci devient le nouvel état courant. Ensuite, on réitère jusqu'à ce qu'on ne puisse plus trouver un meilleur état dans le voisinage. L'état résultant est la solution finale.

2.7.2 Points de départ

Une autre équipe, celle de Langlais et al. (2007), a basé un système de traduction sur un décodeur glouton. Comme Germann et al. (2001) et Germann (2003), ils ont élaboré une méthode de création d'amorce leur permettant de démarrer leur algorithme glouton. Toujours comme Germann et al. (2001) et Germann (2003), ils ont créé une batterie de *fonctions de voisinage* leur permettant de transformer des traductions afin de générer un voisinage. Une des différences fondamentales entre le travail de Langlais et al. (2007) et ceux de Germann et al. (2001) et Germann (2003) est qu'alors que ces derniers utilisent un modèle de traduction à base de mots, Langlais et al. (2007) font usage d'un modèle à base de segments (MBS). La traduction statistique à base de segments produit de meilleures traductions que la traduction à base de mots (Koehn, 2004).

Nous croyons qu'un des facteurs déterminants de la recherche locale est la qualité de l'amorce. Langlais et al. (2007) ont implémenté un seul type d'amorce. Selon nous, ceci est insuffisant, car nous ne disposons d'aucun résultat évaluant l'impact des différences entre amorces. Un des buts de nos expériences est de combler ce déficit.

Une caractéristique distinguant la recherche locale de l'exploration de l'espace des préfixes par faisceau est que les transformations résultant de l'application de fonctions de voisinage permettent d'effectuer des corrections non-continues, c'est-à-dire de transformer n'importe quel segment de l'hypothèse, et ce, sans avoir recours à un faisceau. On peut donc corriger une ou des erreurs pouvant s'être infiltrées à n'importe quel instant lors du décodage. Dans nos expériences, nous vérifions si notre approche peut corriger les erreurs produites par MOSES en utilisant notre décodeur comme outil de post-optimisation.

Une autre caractéristique qui, selon nous, distingue la recherche locale en traduction statistique est la disponibilité d'une traduction complète à tout moment. Ceci nous permet d'incorporer certains modèles globaux à notre décodeur qui sont difficiles à intégrer dans un décodeur qui explore l'espace des préfixes par faisceau. Prenons par exemple un modèle de langue inversé. Celui-ci rend la probabilité d'un mot étant donné les $n-1$ mots qui le suivent, donc un n-gram, mais *inversé*. Ayant accès à une phrase complète lors du décodage, on peut facilement intégrer un tel modèle à notre processus de recherche. Ceci a été testé de manière limitée par Langlais et al. (2007). Nous désirons approfondir l'étude de ce type de modèle.

Cette dernière caractéristique met l'accent sur un point qui est l'avantage le plus certain de la recherche locale en traduction statistique, soit la disponibilité d'une traduction complète tout au long de la recherche. On peut donc arrêter la recherche à n'importe quel point en ayant l'assurance d'obtenir une traduction de la phrase source dans son entièreté.

2.7.3 Objectifs

Nous pensons qu'une approche basée sur une heuristique de recherche locale peut offrir des avantages en temps d'exécution et dans l'utilisation d'espace mémoire. Créer un décodeur performant qui utilise la recherche locale demeure tout de même une tâche difficile, car si l'utilisation d'un faisceau risque d'élaguer l'état qui pourrait mener à une solution globalement optimale, rien dans une approche utilisant un algorithme glouton nous amène à confirmer que nous amorçons la recherche à un endroit approprié. Autrement dit, la solution risque de ne jamais être comparable en qualité à celle pouvant être produite par une approche utilisant la PD pour explorer l'espace des préfixes à l'aide d'un faisceau.

Nous croyons tout de même que la recherche locale peut freiner les inconvénients de cette dernière, autoriser les *retours en arrière* en effectuant des corrections de manière non-continue et permettre l'incorporation de modèles globaux presque inutilisables en explorant l'espace des préfixes, tout en produisant des traductions de qualité.

Notre but est donc de nous baser sur les travaux de Langlais et al. (2007), mais d'aller plus loin. En particulier, nous nous comparons à un décodeur à l'état de l'art, MOSES, afin d'effectuer une étude systématique à l'aide de modèles également à l'état de l'art, tout en introduisant de nouveaux types d'amorces et de nouvelles fonctions de voisinage.

Les détails de nos algorithmes et de leur implémentation dans notre décodeur sont spécifiés aux chapitres 3 et 4 respectivement.

18

CHAPITRE 3

MÉTHODES

Nous décrivons ici le fonctionnement interne de notre décodeur dont les trois composantes principales sont les suivantes :

1. Algorithme glouton

2. Création d'amorces

3. Fonctions de voisinage

Dans les trois sections qui suivent, nous présentons ces aspects en profondeur.

3.1 Algorithme glouton

Au coeur de notre décodeur est un algorithme glouton qui prend en entrée une phrase à traduire. La fonction **amorcer** réfère à un processus que nous décrivons en détail dans la section 3.2. C'est cette dernière fonction qui nous donne une traduction de départ, l'*amorce*. Nous appellons *hypothèse* l'état courant de notre recherche pour la traduction d'une phrase source donnée. L'algorithme transforme cette hypothèse à l'aide d'une série de fonctions de voisinage. Il est à noter que nous n'appliquons qu'une seule de ces fonctions à la fois.

Algorithme 3.1 Algorithme glouton pour la recherche locale

Require: S, une phrase à traduire

  $hypothèse\_courante \leftarrow$ **amorcer**(S)

  $score\_courant \leftarrow$ **évaluer**$(hypothèse\_courante)$

  loop

    $score\_initial \leftarrow score\_courant$

    for all $hypothèse \in$ **voisinage**$(hypothèse\_courante)$ **do**

      $score\_voisinage \leftarrow$ **évaluer**$(hypothèse)$

      if $score\_voisinage > score\_courant$ **then**

        $score\_courant \leftarrow score\_voisinage$

        $meilleure\_hypothèse \leftarrow hypothèse$

      end if

    end for

    if $score\_courant = score\_initial$ **then**

      return $hypothèse\_courante$

    else

      $hypothèse\_courante \leftarrow meilleure\_hypothèse$

    end if

  end loop

Nous en évaluons ensuite l'effet à l'aide de la fonction **évaluer** qui fait référence à une fonction de score que nous décrivons dans la sous-section 3.1.1. Après avoir essayé toutes les fonctions de voisinage individuellement, nous retenons la meilleure transformation pour l'étape en cours. Nous recommençons ensuite jusqu'à ce qu'aucune amélioration du score de l'hypothèse ne soit observée. Le pseudo-code de l'algorithme 3.1 décrit les détails de ce processus.

3.1.1 Fonction de score

Dans l'algorithme 3.1 la fonction **évaluer** fait référence à une fonction de score, celle que l'on cherche à maximiser. Notre décodeur utilise une fonction d'évaluation d'hypothèse similaire à celle utilisée par MOSES (Koehn et al., 2007). On cherche à maximiser la combinaison log-linéaire des modèles à l'aide de l'équation 3.1.

$$
\begin{aligned}
Score(\mathbf{f}, \mathbf{e}) = \quad & \lambda_{lm} \ln p_{lm}(\mathbf{e}) && + \\
& \lambda_{tm} \ln p_{tm}(\mathbf{e}|\mathbf{f}) && - \\
& \lambda_w |\mathbf{e}| && - \\
& \lambda_d \text{distorsion}(\mathbf{f}, \mathbf{e})
\end{aligned}
\tag{3.1}
$$

où :

- λ_{lm} est le poids qui est associé à $\ln p_{lm}(\mathbf{e})$, la log-probabilité dans la langue cible de $\mathbf{e}$ selon le modèle de langue lm.

- λ_{tm} est le poids qui est associé à $\ln p_{tm}(\mathbf{e}|\mathbf{f})$, le score[1] de la traduction de $\mathbf{f}$ par $\mathbf{e}$ selon le modèle de traduction tm.

- $\lambda_w |e|$ est la pénalité (ou récompense) associée à la taille en mots de la phrase cible.

- $\text{distorsion}(f, e)$ est le score de distorsion étant donné les permutations des segments pour la présente hypothèse et λ_d est le poids qui est associé à ce score.

3.2 Amorce d'hypothèses

Un algorithme glouton, parfois nommé *hill climbing algorithm*, nécessite une *amorce*, c'est-à-dire un état initial à partir duquel on effectuera notre recherche locale, tel que l'on peut le constater à l'algorithme 3.1. On doit donc fournir une traduction amorce à notre décodeur avant de pouvoir appliquer les fonctions de voisinage.

---

[1]Typiquement, une paire de segments dans un MBS reçoit plusieurs scores, dont certains sont des probabilités, et le score final de cette paire est la combinaison log-linéaire de ces scores.

21

Nous retenons trois manières principales de créer l'amorce. La première, qu'on nomme ADTP[2], crée une amorce à l'aide d'heuristiques de segmentation de phrase utilisant la table de transfert fournie par MOSES, soit le MBS. La deuxième utilise la meilleure traduction fournie par MOSES comme point de départ, nous nommons cette amorce SMOSES. Nous présentons aussi une troisième voie, celle d'effectuer un choix parmi ces dernières.

3.2.1 Amorce d'hypothèses à l'aide d'heuristiques : ADTP

Les amorces de type ADTP sont construites à l'aide d'un processus que l'on nomme *segmentation*. Nous scindons la phrase source en segments afin de pouvoir faire correspondre ceux-ci à des segments cibles dans le MBS. Les quatre sous-sections qui suivent décrivent les politiques de segmentation que nous avons employées afin de produire les amorces de type ADTP.

3.2.1.1 Segmentation de gauche à droite

Cette heuristique balaie la phrase source de gauche à droite, traduisant les segments qui s'y trouvent à l'aide du MBS, tout en donnant priorité aux plus gros segments. Nous croyons que des segments contenant plus de mots sont plus porteurs de sens et prennent avantage de réordonnancements locaux idiomatiques de la langue cible (Langlais et al., 2008). Cette politique de segmentation, que nous nommons ADTP-GD, est calculable en temps quadratique par rapport à la taille en mots de la phrase source. L'approche est détaillée à l'aide de l'algorithme 3.2.

Le tableau 3.1 montre l'effet réel de ce type de segmentation sur une phrase source tirée de notre *corpus de test*[3] pour la traduction du français vers l'anglais, ainsi que l'amorce que cette segmentation produit. Dans ce tableau, chaque segment est suivi d'un groupe de caractères de la forme suivante : $|x - y|$, où x et y représentent les positions des mots du segment correspondant dans la phrase en relation de traduction.

Le tableau 3.2 montre les 5 segments cibles ayant le plus haut score pour le segment source « cela ne fait qu' »[4] dans le MBS que nous avons utilisé pour traduire du français vers l'anglais dans nos expériences. L'algorithme 3.2 a retenu le segment cible « this serves only » puisque le MBS donne à ce couple de segments le score maximal.

On pourrait s'attendre à retrouver tous les segments de grande taille à gauche et ceux de petite taille à droite, mais ce n'est pas le cas puisque le plus gros

[2]Amorce De Toutes Pièces.
[3]Le corpus de test sert à l'évaluation de la performance d'un système de traduction statistique.
[4]Premier segment en langue source au tableau 3.1

Algorithme 3.2 Algorithme d'amorce gauche-droite : ADTP-GD

Require: S, une phrase à traduire et MBS, la table de transfert fournie par MOSES.

  amorce ← hypothèse vide
  $i \leftarrow 0$
  while $i < |S|$ **do**
    $j \leftarrow |S| - 1$
    while $j \geq i$ **do**
      if $S_{i,j} \in$ MBS **then**
        ajouter la meilleure traduction de $S_{i,j}$ dans MBS à la fin de *amorce*
        $i \leftarrow i + 1$
        break
      else
        $j \leftarrow j - 1$
      end if
    end while
    if $j < i$ **then**
      ajouter $S_{i,i}$ à la fin de *amorce*
    else
      $i \leftarrow j + 1$
    end if
  end while

  return *amorce*

SEGMENTATION (LANGUE SOURCE) → 21 segments

---

cela ne fait qu' $|0-2|$ aggraver le $|3-4|$ caractère antidémocratique $|5-6|$ de l' union européenne , et j' $|7-11|$ espère que m. $|12-14|$ moscovici a $|15-16|$ bien compris que $|17-19|$ m. prodi a $|20-22|$ érigé $|23-23|$ aujourd' hui un $|24-25|$ véritable $|26-26|$ rempart contre $|27-28|$ ces $|29-29|$ actions. $|30-30|$ par ailleurs , j' espère $|31-34|$ réellement que $|35-36|$ cette tendance sera $|37-39|$ interrompue et $|40-41|$ inversée $|42-42|$ aux conseils de nice et de $|43-48|$ biarritz . $|49-50|$

AMORCE (LANGUE CIBLE)

---

this serves only $|0-3|$ worsen the $|4-5|$ anti-democratic character $|6-7|$ the eu , and i $|8-14|$ hope that mr $|15-17|$ moscovici has $|18-19|$ understood well that $|20-22|$ mr prodi has $|23-25|$ erected $|26-26|$ today a $|27-29|$ genuine $|30-30|$ bulwark against $|31-32|$ these $|33-33|$ actions. $|34-34|$ furthermore , i hope $|35-39|$ really only $|40-41|$ that trend will $|42-44|$ adjourned in $|45-46|$ reversed $|47-47|$ at the councils in nice and $|48-53|$ biarritz . $|54-55|$

Tableau 3.1 – Exemple d'une segmentation de gauche à droite et de l'amorce qui en résulte.

Source	Cible	Score
cela ne fait qu'	this serves only	-0.52403384697
cela ne fait qu'	this serves only to	-0.575582903153
cela ne fait qu'	this only	-0.576521033904
cela ne fait qu'	it merely	-0.629331957452
cela ne fait qu'	this factor can only	-0.680699504205

Tableau 3.2 – Exemples de segments cibles appariés au même segment source dans un MBS.

segment de la phrase source, soit « *aux conseils de nice et de* » se trouve dans la deuxième position à partir de la droite. La segmentation de droite à gauche nous en dit encore plus à cet effet.

3.2.1.2 Segmentation de droite à gauche

Cette heuristique est similaire à la segmentation de gauche à droite, mais balaie la phrase source de droite à gauche. Nous l'appelons ADTP-DG. La complexité de cet algorithme est également quadratique par rapport au nombre de mots dans la phrase source. Le tableau 3.3 montre une telle segmentation et l'amorce qui y est associée.

Le tableau 3.3 nous révèle que contrairement à nos attentes, le plus gros segment dans la segmentation droite-gauche se situe au début de la phrase, soit : « union européenne , et j' espère que ». En fait, pour la segmentation gauche-droite autant que pour la segmentation droite-gauche, les segments de même taille ne se concentrent pas dans une région ou l'autre de la phrase source. Par exemple, les segments de grande taille ne sont pas tous en fin de phrase suite à la segmentation de droite à gauche. Ceci nous laisse croire que ce type de segmentation, soit gauche-droite ou droite-gauche, ne crée pas des amorces avec un biais dans ce sens.

3.2.1.3 Segmentation par programmation dynamique

Cette heuristique est celle qu'ont utilisée Langlais et al. (2007) pour la création d'ADTP. On part de la prémisse qu'il est désirable de maximiser la couverture de la phrase source tout en minimisant le nombre total de segments traduits. Distinguons bien nombre de segments et nombre de mots : un segment peut contenir plusieurs mots et nous désirons en traduire le plus possible par

SEGMENTATION (LANGUE SOURCE) → 21 segments
cela |0−0| ne fait qu' aggraver |1−2| le caractère |3−4| antidémocratique de l' |5 − 6| union européenne , et j' espère que |7 − 12| m. moscovici |13 − 14| a bien compris |15 − 17| que m. prodi |18 − 20| a érigé |21 − 22| aujourd' hui |23 − 23| un véritable |24 − 25| rempart |26 − 26| contre ces |27 − 28| actions. |29 − 29| par ailleurs |30 − 30| , j' espère réellement que |31 − 36| cette tendance sera |37 − 39| interrompue et |40 − 41| inversée |42 − 42| aux conseils de nice et |43 − 48| de biarritz . |49 − 51|
AMORCE (LANGUE CIBLE)
this |0 − 0| only aggravates |1 − 4| the character |5 − 6| undemocratic the |7 − 9| european union and i hope that |10 − 16| mr moscovici |17 − 18| has understood well |19 − 21| that mr prodi |22 − 24| has erected |25 − 26| today |27 − 28| a genuine |29 − 30| bulwark |31 − 31| against these |32 − 33| actions. |34 − 34| furthermore |35 − 36| , i really do hope that |37 − 41| that trend will |42 − 44| adjourned in |45 − 46| reversed |47 − 47| at the councils in nice and |48 − 52| in biarritz . |53 − 55|

Tableau 3.3 – Exemple d'une segmentation de droite à gauche et de l'amorce qui en résulte.

segment. Cette prémisse se fonde toujours sur l'idée qu'un segment plus long contient plus d'information pertinente qu'un segment plus court.

Avant de présenter la récurrence qui guidera la PD qui caractérise ce type de segmentation, définissons quelques termes :

- S : Phrase source à traduire.

- N : Taille de S.

- d : Position courante dans la phrase source.

- t : Un tuple de fonctions de la forme $\langle b, e, c, n, p \rangle$ où :

    b : Retourne la position du début du segment.

    e : Retourne la position de fin du segment.

    c : Retourne le nombre de mots sources couverts par le segment.

    n : Retourne le nombre de segments utilisés pour couvrir la phrase source, jusqu'au segment en question.

    p : Retourne le tuple t antérieur dans la segmentation.

L'équation 3.2 définit la récurrence pour une phrase S de taille N (en nombre de mots).

$$t_N = max \begin{cases} \text{if N=0, then } \langle 0,0,0,0,\emptyset \rangle \\ \text{else } max_{d \leq N} \begin{cases} \langle d, \\ N, \\ c(t_{d-1}) + N - d + 1, \\ n(t_{d-1}) + 1, \\ t_{d-1} \rangle \end{cases} \end{cases} \tag{3.2}$$

La récurrence définie dans l'équation 3.2 est implémentée par PD à l'aide de l'algorithme 3.3. La complexité de celui-ci est quadratique par rapport au nombre de mots dans la phrase source. La fonction **retracer** sert à concaténer les meilleurs choix de segmentation qui ont été effectués par PD. Les détails de la fonction **retracer** sont spécifiés à l'algorithme 3.4. Cette dernière étape est linéaire par rapport au nombre de mots dans la phrase source.

Nous avons inclus, à l'aide du tableau 3.4, un exemple d'une amorce créée à l'aide de cette segmentation par PD, nommée ADTP-PD.

SEGMENTATION (LANGUE SOURCE) → 21 segments

cela $|0-0|$ ne fait qu' aggraver $|1-2|$ le caractère $|3-4|$ antidémocratique de l' $|5-6|$ union européenne , et j' espère que $|7-12|$ m. moscovici $|13-14|$ a bien compris $|15-17|$ que m. prodi $|18-20|$ a érigé $|21-22|$ aujourd' hui $|23-23|$ un véritable $|24-25|$ rempart $|26-26|$ contre ces $|27-28|$ actions. $|29-29|$ par ailleurs $|30-30|$, j' espère réellement que $|31-36|$ cette tendance sera $|37-39|$ interrompue et $|40-41|$ inversée $|42-42|$ aux conseils de nice et $|43-48|$ de biarritz . $|49-51|$

AMORCE (LANGUE CIBLE)

this $|0-0|$ only aggravates $|1-4|$ the character $|5-6|$ undemocratic the $|7-9|$ european union and i hope that $|10-16|$ mr moscovici $|17-18|$ has understood well $|19-21|$ that mr prodi $|22-24|$ has erected $|25-26|$ today $|27-28|$ a genuine $|29-30|$ bulwark $|31-31|$ against these $|32-33|$ actions. $|34-34|$ furthermore $|35-36|$, i really do hope that $|37-41|$ that trend will $|42-44|$ adjourned in $|45-46|$ reversed $|47-47|$ at the councils in nice and $|48-52|$ in biarritz . $|53-55|$

Tableau 3.4 – Exemple d'une segmentation par PD et de l'amorce qui en résulte.

Nous constatons au tableau 3.4 que la segmentation par PD produit exactement la même amorce que celle livrée par la segmentation droite-gauche. Nous voyons qu'à l'aide d'algorithmes simples, il est au moins possible de créer des

---

Algorithme 3.3 Algorithme d'amorce par programmation dynamique

Require: S, une phrase à traduire
Require: MBS, la table de transfert fournie par MOSES.

$N \leftarrow$ taille en mots de S
$m \leftarrow$ matrice $N \times N$
for $j \in [0, N-1]$ **do**
    if $S_{0,j} \in$ MBS **then**
        $m_{0,j} \leftarrow \langle 0, j, j+1, 1, \emptyset \rangle$
    else
        $m_{0,j} \leftarrow \langle 0, j, 0, j+1, \emptyset \rangle$
    end if
end for
for $i \in [1, N-1]$ **do**
    for $j \in [i, N-1]$ **do**
        $c_{sansajout} \leftarrow c(m_{i-1,j})$
        $n_{sansajout} \leftarrow n(m_{i-1,j})$
        if $S_{i,j} \in$ MBS **then**
            $c_{ajout} \leftarrow c(m_{i-1,i-1}) + j - i + 1$
            $n_{ajout} \leftarrow n(m_{i-1,i-1}) + 1$
        else
            $c_{ajout} \leftarrow c(m_{i-1,i-1})$
            $n_{ajout} \leftarrow n(m_{i-1,i-1}) + j - i + 1$
        end if
        if $(c_{ajout} > c_{sansajout})$ *or* $((c_{ajout} = c_{sansajout})$ *and* $(n_{ajout} < n_{sansajout}))$ **then**
            $m_{i,j} \leftarrow \langle i, j, c_{ajout}, n_{ajout}, m_{i-1,i-1} \rangle$
        else
            $m_{i,j} \leftarrow m_{i-1,j}$
        end if
    end for
end for
$amorce \leftarrow$ retracer(m, S, MBS)

return $amorce$

Algorithme 3.4 Algorithme de retraçage

Require: S, une phrase à traduire
Require: MBS, la table de transfert fournie par MOSES, m, la matrice de PD fournie par l'algorithme 3.3.

$h \leftarrow$ hypothèse vide
$N \leftarrow$ taille en mots de S
$t \leftarrow m_{N-1,N-1}$
while $t \neq \emptyset$ **do**
    ajouter au début de h la traduction de $S_{b(t),e(t)}$ ayant le meilleur score dans MBS
    $t \leftarrow p(t)$, soit le tuple précédent
end while

return h

---

amorces de qualité comparable à celles produites par des algorithmes plus so-
phistiqués. Nous en discutons davantage au chapitre 4.

3.2.1.4 Segmentation aléatoire

Afin de mesurer l'importance de l'amorce initiale, nous introduisons un type
d'amorce ADTP qui ne suit aucune politique de segmentation en particulier. Le
tableau 3.5 montre le résultat d'une telle segmentation, nommée ADTP-AL, à
l'aide de notre exemple courant.

SEGMENTATION (LANGUE SOURCE) → 52 segments

cela $|0 - 0|$ ne $|1 - 1|$ fait $|2 - 2|$ qu' $|3 - 3|$ aggraver $|4 - 4|$ le $|5 - 5|$
caractère $|6 - 6|$ antidémocratique $|7 - 7|$ de $|8 - 8|$ l' $|9 - 9|$ union
européenne $|10 - 11|$, $|12 - 12|$ et j' espère $|13 - 15|$ que $|16 - 16|$ m.
$|17 - 17|$ moscovici $|18 - 18|$ a $|19 - 19|$ bien $|20 - 20|$ compris $|21 - 21|$
que $|22-22|$ m. $|23-23|$ prodi a $|24-25|$ érigé $|26-26|$ aujourd' $|27-27|$
hui $|28 - 28|$ un $|29 - 29|$ véritable $|30 - 30|$ rempart $|31 - 31|$ contre
$|32 - 32|$ ces $|33 - 33|$ actions. $|34 - 34|$ par $|35 - 35|$ ailleurs $|36 - 36|$,
$|37 - 37|$ j' $|38 - 38|$ espère $|39 - 39|$ réellement $|40 - 40|$ que $|41 - 41|$
cette $|42 - 42|$ tendance $|43 - 43|$ sera $|44 - 44|$ interrompue $|45 - 45|$ et
$|46 - 46|$ inversée $|47 - 47|$ aux $|48 - 48|$ conseils $|49 - 49|$ de $|50 - 50|$
nice $|51 - 51|$ et $|52 - 52|$ de $|53 - 53|$ biarritz $|54 - 54|$. $|55 - 55|$

AMORCE (LANGUE CIBLE)

this $|0 - 0|$ do $|1 - 1|$ fact $|2 - 2|$ that $|3 - 3|$ aggravate $|4 - 4|$ the $|5 - 5|$
character $|6 - 6|$ undemocratic $|7 - 7|$ of $|8 - 8|$ the $|9 - 9|$ european
union $|10 - 11|$, $|12 - 12|$ and i hope $|13 - 15|$ that $|16 - 16|$ mr $|17 - 17|$
moscovici $|18 - 18|$ has $|19 - 19|$ well $|20 - 20|$ understood $|21 - 21|$ that
$|22 - 22|$ mr $|23 - 23|$ prodi has $|24 - 25|$ erected $|26 - 26|$ here $|27 - 27|$
today $|28 - 28|$ a $|29 - 29|$ genuine $|30 - 30|$ bulwark $|31 - 31|$ against
$|32 - 32|$ these $|33 - 33|$ actions. $|34 - 34|$ by $|35 - 35|$ elsewhere $|36 - 36|$
, $|37 - 37|$ i $|38 - 38|$ hope $|39 - 39|$ really $|40 - 40|$ that $|41 - 41|$ this
$|42 - 42|$ trend $|43 - 43|$ will be $|44 - 44|$ adjourned $|45 - 45|$ and $|46 - 46|$
reversed $|47 - 47|$ to the $|48 - 48|$ councils $|49 - 49|$ of $|50 - 50|$ nice
$|51 - 51|$ and $|52 - 52|$ of $|53 - 53|$ biarritz $|54 - 54|$. $|55 - 55|$

Tableau 3.5 – Exemple d'une segmentation aléatoire et de l'amorce qui
en résulte.

L'algorithme crée un premier segment de manière aléatoire. Si le segment
obtenu apparaît dans le MBS, on inclut sa traduction dans l'amorce, sinon on
crée un nouveau segment de manière aléatoire à l'intérieur de celui-ci et ainsi
de suite jusqu'à ce que tous les mots contenus dans le premier segment soient
couverts. On sélectionne alors un nouveau segment de manière aléatoire et on
recommence le processus jusqu'à ce que tous les mots de la phrase source soient
ainsi couverts. Nous nous attendons donc à ce que plusieurs segments soient

réduits à une longueur d'un seul mot et c'est ce que l'exemple au tableau 3.5 nous montre.

Mis à part le choix aléatoire des points de segmentation, cet algorithme est similaire aux algorithmes servant aux segmentations de gauche à droite et de droite à gauche. Comme eux, l'algorithme que nous avons élaboré pour la segmentation aléatoire s'exécute en temps quadratique.

3.2.2 Amorce d'hypothèses à partir d'une traduction

Il est probable qu'un décodeur explorant l'espace des préfixes par PD produise des traductions qui contiennent certaines erreurs. Pour cette raison, nous désirons aussi vérifier la validité de la recherche locale en tant qu'heuristique de post-optimisation afin de voir s'il est possible de corriger ces erreurs et, ce faisant, d'améliorer les traductions qui les contiennent. Nous récupérons donc les traductions fournies par un décodeur à l'état de l'art et les utilisons pour amorcer notre recherche locale. Le décodeur de MOSES permet d'afficher les positions des segments sources qui correspondent aux différents segments cibles de la traduction qu'il livre. C'est à partir de celles-ci que nous amorçons nos hypothèses. Tel que nous l'avons mentionné plus haut, nous nommons une telle amorce SMOSES.

L'idée de mettre en cascade deux décodeurs n'est pas neuve, ni même celle d'utiliser la recherche locale. Tels que cités par Langlais et al. (2007), Berger et al. (1994) ont été pionniers dans cette direction, mais n'ont jamais spécifié les détails de leur recherche locale et Marcu (2001) ainsi que Watanabe et Sumita (2003) ont tenté d'améliorer la performance de leurs décodeurs en fournissant à un algorithme glouton des exemples de traductions. Finalement, Langlais et al. (2007) ont eux aussi oeuvré dans cette direction, mais dans l'optique de réparer les erreurs possiblement injectées par un décodeur tel PHARAOH, (Koehn, 2004). Tel que nous l'avons mentionné, nos intentions vont plutôt dans ce sens.

3.2.3 Choix parmi les amorces

Nous avons aussi prévu d'utiliser l'équation 3.1 afin d'effectuer un choix parmi les méthodes de création d'amorces que nous avons présentées jusqu'ici. Nous croyons que pour chaque phrase, un seul type d'amorce ne suffit pas. Nous laissons donc au décodeur le choix parmi différents types d'amorces afin de débuter la recherche locale, en espérant que ceci mènera à de meilleures traductions. Les deux sous-sections suivantes décrivent les configurations que nous voulons tester.

3.2.3.1 Choix parmi les ADTP

Cette heuristique de sélection d'amorce est une combinaison des quatre stratégies ADTP. On effectue les quatre segmentations pour chaque phrase, choisissant celle qui maximise l'équation 3.1. Nous nommons cette configuration CADTP.

3.2.3.2 Choix parmi les ADTP et l'amorce RÉFÉRENCE

Cette heuristique de sélection d'amorce est la plus opportuniste. On choisit l'amorce qui maximise l'équation 3.1 parmi les quatre stratégies ADTP et l'amorce SMOSES. Nous nommons cette configuration CMULT.

3.3 Fonctions de voisinage

Inspirés par les traductions produites par PHARAOH et par la nature du MBS et de son unité de base, le segment, Langlais et al. (2007) ont créé plusieurs fonctions dites de voisinage. MOSES perpétue l'approche par exploration de l'espace des préfixes de PHARAOH. Les fonctions de voisinage de Langlais et al. (2007) sont donc toujours pertinentes dans le cadre d'une comparaison à MOSES. Ces fonctions sont des transformations que l'on effectue lors de la recherche locale en modifiant les segments qui composent l'hypothèse, livrant ainsi des états voisins. Ce qui distingue ces transformations de celles obtenues par MOSES est que *n'importe quel* des segments de l'hypothèse peut être modifié, pas seulement le dernier. Nous pouvons donc espérer qu'une telle transformation puisse corriger des erreurs commises lors de la recherche, et ce, de manière non-continue, sélectionnant l'état voisin qui maximise l'équation 3.1. Nous retenons donc les fonctions créées par Langlais et al. (2007), auxquelles nous ajoutons les nôtres.

Nous distinguons deux types de fonctions de voisinage, soit celles qui :

- utilisent le MBS, émulant le comportement de MOSES, afin de tirer profit de l'information qui y est contenue (FMBS[5]).

- tentent d'échapper à des maximums locaux pouvant être rencontrés lors de la recherche locale (FML[6]) en combinant au minimum 2 fonctions de type FMBS.

Les deux sections qui suivent regroupent les fonctions selon leur appartenance à un ou à l'autre des deux types décrits ci-haut.

---

[5]Fonction exploitant le Modèle à Base de Segments
[6]Fonction pour échapper aux Maximums Locaux

SOURCE	cela ||| ne fait qu' aggraver ||| ...
CIBLE AVANT TRANSFORMA-TION	this ||| only aggravates ||| ...
CIBLE APRÈS TRANSFORMA-TION	this ||| is exacerbating ||| ...

Tableau 3.6 – Exemple de l'effet de la fonction REPLACE.

3.3.1 FMBS

3.3.1.1 REPLACE

Fonction de Langlais et al. (2007)

Par l'entremise de la table de transfert, la fonction REPLACE permet simplement de retraduire un segment source possiblement mal traduit par un autre. Le tableau 3.6 montre un extrait de phrase source provenant de notre corpus de test et deux de ses traductions partielles[7], soit une avant la transformation générée par la fonction REPLACE, et une après. On y voit que le segment cible « only aggravates » est remplacé par le segment cible « is exacerbating ».

Cette opération s'effectue en temps $O(N \times T)$ où N est le nombre de segments dans l'hypothèse et T est le nombre maximal de segments cibles que nous considérons. Il est à noter que l'on sélectionne toujours parmi les T segments cibles qui obtiennent le meilleur score selon le MBS. Dans nos expériences, nous utilisons une valeur T de 5.

3.3.1.2 MERGE

Nouvelle fonction

Cette fonction fusionne deux segments sources adjacents dans la phrase source à la condition que leur cible respective soit également adjacente. On retraduit ce nouveau segment par le segment cible candidat qui a le meilleur score dans le MBS. Nous espérons donc réparer une segmentation excessive. Cette opération se fait en temps $O(N)$.

3.3.1.3 SPLIT

Nouvelle fonction

Un segment source, s'il contient plus qu'un seul mot, peut être séparé en deux groupes de mots distincts qui respectent l'ordre initial de la phrase source.

---

[7]Ici, les segments sont séparés par le groupe de caractères, |||, leur position dans la phrase étant sans importance pour ce type d'exemple.

Source	... espère réellement que ||| cette tendance sera ||| interrompue ...
Cible avant transformation	... hope that ||| that trend will ||| adjourned ...
Cible après transformation	... hope that ||| this trend ||| will be ||| adjourned ...

Tableau 3.7 – Exemple de l'effet de la fonction SPLIT.

Article	Nom	Adjectif
le	chat	noir

Article	Adjectif	Nom
the	black	cat

Tableau 3.8 – Exemple d'un réordonnancement local lors de la traduction.

À l'opposé de MERGE, c'est en quelque sorte une *resegmentation* locale de la phrase source afin de corriger une segmentation erronée. Ces deux groupes de mots forment donc deux nouveaux segments que l'on peut retraduire par les segments cibles respectifs qui obtiennent les meilleurs scores dans le MBS.

Comme on peut le constater au tableau 3.7, le segment « that trend will » est scindé et retraduit par « this trend » et « will be ». Cette opération se fait en temps $O(N \times S)$, où S est le nombre moyen de mots dans les N segments qui constituent la phrase source.

3.3.1.4 SWAP

Fonction de Langlais et al. (2007)

Il peut arriver que la traduction monotone de deux segments sources adjacents dans la phrase à traduire ne forment pas une séquence de mots cibles qui soit satisfaisante pour le modèle de langue. Reprenons notre exemple fictif du chat noir. Au tableau 3.8, on voit qu'en anglais, on inverse parfois l'ordre du nom et de son adjectif tels qu'ils apparaissent dans une phrase source française. Le MBS ne capte pas toujours les réordonnancements locaux de ce genre. La fonction SWAP permet de combler ce manque. Ceci se fait en temps $O(N)$.

3.3.1.5 MOVE

Nouvelle fonction

MOVE permet à un segment de se déplacer ailleurs dans l'hypothèse afin de

SOURCE	... sont ||| très ||| difficiles ||| et ||| font ||| craindre ||| un ||| échec ||| ou ||| un ||| accord a minima ...
CIBLE AVANT TRANSFORMA-TION	... are ||| very ||| difficult ||| and ||| are ||| fear ||| a ||| failure ||| or ||| a ||| minimal agreement ...
CIBLE APRÈS TRANSFORMA-TION	... are ||| very ||| difficult ||| and ||| are ||| a ||| failure ||| or ||| fear ||| a ||| minimal agreement ...

Tableau 3.9 – Exemple de l'effet de la fonction MOVE.

mieux satisfaire le ou les modèles de langue. Le tableau 3.9 montre le déplacement du segment « fear » de trois segments vers la droite. La complexité de cette opération est $O(N^2)$, puisqu'on déplace N segments vers les $(N - 1)$ autres positions possibles dans l'hypothèse.

3.3.2 FML

3.3.2.1 BI-REPLACE

Fonction de Langlais et al. (2007)

Cette fonction s'apparente à la fonction REPLACE, mais on permet la retraduction simultanée de deux segments sources adjacents. Le but est de possiblement échapper à un maximum local durant la recherche locale en effectuant la retraduction de plus d'un segment à la fois. La complexité ici est de $O(N \times T^2)$, car on doit essayer les $T \times T$ combinaisons de segments cibles possibles pour les $N - 1$ couples de segments sources que l'on désire retraduire.

3.3.2.2 MERGE-REPLACE

Fonction de Langlais et al. (2007)

Comme dans MERGE, la fonction MERGE-REPLACE sert à fusionner deux segments sources adjacents dont les segments cibles sont adjacents, mais contrairement à MERGE, on ne se contente pas du segment cible candidat avec le meilleur score dans la table de transfert, on essaie les T meilleurs candidats. Cette opération se fait donc en temps $O(N \times T)$.

3.3.2.3 MERGE-DISPLACE

Nouvelle fonction

MERGE-DISPLACE est identique à MERGE, mais on relaxe la condition que les segments cibles des segments sources adjacents soient eux-mêmes adja-

SOURCE	... le ||| caractère ||| antidémocratique ||| de l' ||| union européenne ...
CIBLE AVANT TRANSFORMATION	... the ||| character ||| of the ||| undemocratic ||| european union ...
CIBLE APRÈS TRANSFORMATION	... the ||| anti-democratic nature ||| of the ||| european union ...

Tableau 3.10 – Exemple de l'effet de la fonction MERGE-DISPLACE-REPLACE.

cents. La complexité de MERGE-DISPLACE est identique à celle de MERGE, soit $O(N)$.

3.3.2.4   MERGE-DISPLACE-REPLACE

Nouvelle fonction

MERGE-DISPLACE-REPLACE est à MERGE-DISPLACE ce que MERGE-REPLACE est à MERGE, c'est-à-dire qu'on effectue l'opération MERGE-DIS-PLACE, mais on évalue les T segments cibles ayant les meilleurs scores pour le segment source ainsi fusionné. La complexité est de $O(N \times T)$.

Au tableau 3.10, on voit un bel exemple de la fusion de deux segments, soit « caractère » et « antidémocratique », adjacents dans la phrase source, mais dont les traductions ne le sont pas dans la phrase cible. Ce segment fusionné est retraduit par « anti-democratic nature ».

3.3.2.5   SPLIT-REPLACE

Fonction de Langlais et al. (2007)

Contrairement à SPLIT, SPLIT-REPLACE ne retraduit pas les deux nou-veaux segments source par les meilleurs segments cibles respectifs, on retraduit chaque segment par les T meilleurs segments disponibles dans le MBS, retenant la meilleure combinaison. La complexité de cette opération est donc supérieure à celle de SPLIT par un facteur de T^2 puisqu'on doit essayer $T \times T$ combinaisons de segments cibles. La complexité de SPLIT-REPLACE est donc $O(N \times S \times T^2)$.

La traduction partielle après transformation au tableau 3.11 contient deux segments, soit « has » et « understood », qui proviennent de la scission et retraduction du segment source « a bien compris ».

SOURCE	... que ||| m. moscovici ||| a bien compris ||| que ...
CIBLE AVANT TRANSFORMATION	... that ||| mr moscovici ||| has understood well ||| that ...
CIBLE APRÈS TRANSFORMATION	... that ||| mr moscovici ||| has ||| understood ||| that ...

Tableau 3.11 – Exemple de l'effet de la fonction SPLIT-REPLACE.

3.3.2.6 SPLIT-SWAP

Nouvelle fonction

SPLIT-SWAP fonctionne comme SPLIT, à la différence près que l'on effectue le SWAP sur les segments après le SPLIT, ne retraduisant qu'à ce point. L'objectif ici est de possiblement échapper aux maximums locaux qui pourraient être rencontrés en effectuant les opérations SPLIT et SWAP individuellement. La complexité de SPLIT-SWAP est $O(N \times S)$.

3.3.2.7 SPLIT-SWAP-REPLACE

Nouvelle fonction

SPLIT-SWAP-REPLACE est à SPLIT-SWAP ce que SPLIT-REPLACE est à SPLIT. On effectue la scission d'un segment source, on inverse et on évalue les T segments cibles contenus dans la table de transfert pour chaque segment source. Tout comme dans le passage de SPLIT à SPLIT-REPLACE, SPLIT-SWAP-REPLACE multiplie la complexité de SPLIT-SWAP par un facteur de T^2. Sa complexité est donc $O(N \times S \times T^2)$.

3.3.2.8 SWAP-REPLACE

Nouvelle fonction

SWAP-REPLACE est une combinaison des fonctions SWAP et BI-REPLACE. On effectue une inversion de deux segments sources adjacents que l'on retraduit ensuite par leurs T meilleurs segments cibles respectifs. On a T^2 combinaisons à évaluer. On sélectionne la meilleure. Ceci se fait donc en temps $O(N \times T^2)$. Au tableau 3.12, on constate que les segments « ne pouvant , » et « quant à moi , » ont été inversés et retraduits par « personnally , » et « cannot », dans cet ordre.

SOURCE	ne pouvant , ||| quant à moi , ||| sacrifier ...
CIBLE AVANT TRANSFORMA-TION	of which cannot ||| as for me , ||| sacrifice ...
CIBLE APRÈS TRANSFORMA-TION	personally , ||| cannot ||| sacrifice ...

Tableau 3.12 – Exemple de l'effet de la fonction SWAP-REPLACE.

AUCUNE	Comme le nom l'implique, on n'effectue aucune fonction de voisinage ici. Nous voulons simplement évaluer la performance des différentes amorces.
FBASE	Les fonctions REPLACE, BI-REPLACE, SPLIT-REPLACE, MERGE-REPLACE et SWAP, soit les fonctions élaborées par Langlais et al. (2007).
SANSMOVE	Toutes les fonctions décrites dans cette section à l'exception de deux, soit MOVE et MOVE-REPLACE. Si des réordonnancements drastiques satisfont le modèle de langue, nous craignons qu'il soit possible que ces deux fonctions soient trop brutales au niveau de la structure initiale de la phrase source. Nous concluons donc qu'il est opportun d'évaluer la performance des fonctions de voisinage sans les deux mentionnées ci-haut.
TOUTES	Toutes les fonctions de voisinage.

Tableau 3.13 – Détails sur les configurations de fonctions de voisinage.

3.3.2.9 MOVE-REPLACE

Nouvelle fonction

MOVE-REPLACE effectue un déplacement de segment tel que le fait MOVE, mais effectue aussi une opération REPLACE à la suite de ce déplacement. On espère échapper à un maximum local vers lequel nous égarerait MOVE ou RE-PLACE lorsqu'employés individuellement. L'opération s'effectue donc en temps $O(N^2 \times T)$.

3.3.3 Configurations de fonctions de voisinage

Nos expériences de base font usage de quatre configurations de fonctions de voisinage, afin d'en jauger les effets. Nous les décrivons au tableau 3.13.

3.4 Buts

Tel que mentionné à la fin du chapitre 2, nous désirons effectuer une étude systématique de la recherche locale, telle qu'appliquée à la traduction statistique. Il est de notre opinion qu'un décodeur implémentant les éléments décrits dans les sections précédentes nous permettra d'arriver à cet objectif en mettant en relief l'influence des différents types d'amorces et configurations de fonctions de voisinage sur nos résultats.

De plus, dans nos expériences, nous évaluons l'effet de l'ajout d'un modèle global, soit le modèle de langue inversé, que l'on peut difficilement intégrer à un décodeur explorant l'espace de préfixes par PD tel MOSES et comparons nos résultats aux siens. Nous allons ensuite plus loin en mettant notre décodeur en cascade avec ce dernier afin d'effectuer une post-optimisation qui nous permettra de vérifier si la recherche locale permet de corriger de manière non-continue les erreurs commises lors de l'exploration de l'espace des préfixes à l'aide d'un faisceau.

Nous croyons que les travaux de Langlais et al. (2007) constituent un bon point de départ, mais qu'une approche plus exhaustive nous en dira davantage sur les techniques qu'ils ont proposées. Nous espérons aussi que nous ouvrirons de nouvelles pistes dans l'utilisation de la recherche locale comme alternative viable à l'exploration de l'espace des préfixes par PD pour la résolution de ce problème NP-complet. Le chapitre suivant relate les expériences que nous avons menées afin d'y parvenir.

CHAPITRE 4

EXPÉRIENCES

Nous débutons ce chapitre en spécifiant les détails de notre implémentation. Puisque certains de ceux-ci ont eu un impact majeur sur le déroulement de nos expériences, nous croyons qu'il est nécessaire d'en fournir les grandes lignes. Nous décrivons ensuite la tâche d'évaluation sur laquelle nous nous sommes basés afin d'effectuer ces expériences, ainsi que notre choix de métrique pour cette évaluation. Nous débouchons ensuite sur la présentation de nos résultats et terminons le chapitre par une discussion à propos de ces derniers.

4.1 Implémentation

Cette section contient une description des principaux enjeux que nous avons rencontrés lors de l'implémentation de notre décodeur. Certains de ces enjeux ont été des obstacles importants et ont parfois eu l'effet de contraintes sur nos expériences.

4.1.1 Langage de programmation : Python

La complexité de calcul de l'algorithme glouton que nous avons employé est peut-être moins lourde que celle d'un algorithme de recherche explorant l'espace des préfixes par PD, mais ceci n'évacue pas la nécessité d'effectuer une grande quantité de calculs. Au tout début de l'implémentation de notre système, nous avons fait le choix d'utiliser le langage Python à cause de sa réputation de langage solide et simple d'utilisation, tout en offrant au programmeur une grande liberté d'expression. À configurations semblables, le décodeur de Langlais et al. (2007), implémenté en C++, et celui de MOSES s'exécutent en moyenne en 9 et 35 minutes respectivement pour 1000 phrases à traduire. Nous étions donc prêts à sacrifier un peu de rapidité d'exécution en raison de l'utilisation de ce langage de programmation interprété en vertu des gains de faisabilité que nous croyions récolter. Il s'est avéré que Python est beaucoup plus lent que nous nous l'étions imaginé. Bien que pour certaines tâches, tel le calcul matriciel, la rapidité d'exécution de Python est pire encore[1], nous sommes passés d'un temps d'exécution de 9 minutes pour le décodeur de Langlais et al. (2007) à plus de 240 minutes pour le nôtre lorsqu'il reproduit fidèlement le comportement de ce dernier. C'est pourquoi nous avons fixé le nombre maximal de segments du MBS

---

[1] Pour le calcul matriciel, Python peut être plus de 500 fois plus lent que C++, voir http ://www.scipy.org/PerformancePython

à considérer par fonction de voisinage à 5 plutôt qu'à 10, valeur utilisée par Langlais et al. (2007). Le temps d'exécution passe alors de plus de 240 minutes à autour de 90 minutes. Les pertes de points BLEU sont minimes. Par contre, le temps d'exécution de 90 minutes est toujours significativement plus élevé que 9 minutes. Nous nous sommes donc fiés sur le fait qu'il est prouvé qu'un tel décodeur s'exécute dans un temps largement inférieur à celui de MOSES, qui, nous le rappelons, explore l'espace des préfixes par PD, afin de justifier les avantages en performance de notre approche. Nous avons donc poursuivi le développement de notre système en Python.

4.1.2 Ordinateurs de calcul

Une autre embuche s'est produite lorsque nous avons voulu faire des tests plus élaborés. Ceci a coïncidé avec une période de temps où les ordinateurs voués au calcul pour la recherche au DIRO de l'Université de Montréal ont éprouvé des difficultés techniques qui nous ont fait perdre quelques mois. Les problèmes se sont ensuite réglés, mais le temps pressant, certains objectifs ont dû être revus à la baisse.

4.2 Tests

Dans cette section, nous présentons la tâche d'évaluation que nous avons accomplie, notre choix de métrique et notre stratégie de calibrage pour le calibrage de notre décodeur.

4.2.1 Tâche d'évaluation

Afin de revisiter et d'approfondir le travail de Langlais et al. (2007), nous avons sélectionné une tâche d'évaluation plus récente, soit WMT 2008[2]. Nous avons choisi six directions de traduction, soit :

- fr2en : Français (fr) vers Anglais (en)

- en2fr : Anglais vers Français

- es2en : Espagnol (es) vers Anglais

- en2es : Anglais vers Espagnol

- de2en : Allemand (de) vers Anglais

- en2de : Anglais vers Allemand

---

[2]http ://www.statmt.org/wmt08/

Les détails à propos des corpus d'entraînement, de développement et de test sont spécifiés au tableau 4.1. Notons qu'une phrase dans ces corpus contient une trentaine de mots en moyenne.

Langue	Entraînement	Développement	Test
Français	Corpus Europarl, version 3 35-40M mots	Europarl dev2006 2000 phrases	Europarl test2008 2000 phrases
Anglais	Corpus Europarl, version 3 35-40M mots	Europarl dev2006 2000 phrases	Europarl test2008 2000 phrases
Espagnol	Corpus Europarl, version 3 35-40M mots	Europarl dev2006 2000 phrases	Europarl test2008 2000 phrases
Allemand	Corpus Europarl, version 3 35-40M mots	Europarl dev2006 2000 phrases	Europarl test2008 2000 phrases

Tableau 4.1 – Détails sur les corpus d'entraînement, de développement et de test.

Nous avons entraîné nos modèles de langue sur ces mêmes corpus, utilisant le toolkit SRILM (Stolcke, 2002). Nous nous sommes tenus à des modèles n-gram d'ordre 5 interpolés avec *discounting* Kneser-Ney.

Pour les raisons de temps d'exécution que nous avons évoquées à la sous-section 4.1.1, nous avons effectué le calibrage de notre décodeur sur les 500 premières phrases des corpus de développement et nos tests sur les 1000 premières phrases des corpus de test.

4.2.2 Métrique

La métrique d'évaluation que nous avons utilisée est BLEU, un acronyme pour **B**ilingual **E**valuation **U**nderstudy (Papineni et al., 2002). Son échelle va de 0 (pauvre) à 100 (excellent). Tel que nous l'avons mentionné dans le chapitre 2 à la sous-section 2.5.5, cette métrique se base sur la précision au niveau des n-grams contenus dans une traduction à évaluer vis-à-vis de ceux constituant sa traduction référence. BLEU possède une forte corrélation avec l'appréciation qualitative d'évaluateurs humains (Papineni et al., 2002).

4.2.3 Calibrage

Durant cette étape, nommée le *tuning* en anglais, on ajuste le décodeur en calibrant les coefficients de notre fonction de score, soit l'équation 3.1. Comme point de départ, nous avons récupéré les coefficients que nous a livrés le calibrage du décodeur de MOSES sur les mêmes corpus de développement à l'aide d'une approche par Minimum Error Rate Training, ou MERT (Och, 2003). À partir de ces calibrages, nous avons procédé à l'ajustement des coefficients de notre fonction de score de manière empirique, soit à l'aide d'un *grid-search*. Notre fonction de score compte 9 coefficients à ajuster[3]. Afin d'attribuer un poids au modèle de langue inversé, nous avons simplement réparti le poids accordé par MERT au modèle de langue régulier sur nos deux modèles de langue avant la calibration. Étant donné la lenteur de Python, ce processus a été très long, soit 72 heures en moyenne. Pour cette raison, nous avons effectué le calibrage de notre décodeur à l'aide de la configuration de fonctions de voisinage réduite nommée FBASE au chapitre 3. À celle-ci, nous avons ajouté la fonction SPLIT[4]. Les fonctions de voisinage retenues pour le calibrage sont donc REPLACE, BI-REPLACE, SPLIT, SPLIT-REPLACE, MERGE-REPLACE et SWAP. L'amorce retenue pour le calibrage est celle de type ADTP-PD, puisque Langlais et al. (2007) ont déjà prouvé son efficacité.

4.2.4 Point de comparaison

Nous avons également décidé de comparer notre système à un décodeur plus récent et plus performant que l'avaient fait Langlais et al. (2007), nommément MOSES, afin de voir si l'idée d'un décodeur par recherche locale tient toujours la route. Aussi, dans le but de vérifier si notre décodeur peut corriger des erreurs commises par MOSES, nous utilisons la sortie de ce dernier afin d'effectuer une post-optimisation. Tel que nous l'avons mentionné au chapitre 3, nous nommons SMOSES une traduction provenant de MOSES.

4.3 Résultats

Nous débutons cette section par l'analyse de nos résultats en fonction du type d'amorce qui a été utilisée. Ensuite, nous présentons et discutons de nos résultats en ce qui à trait aux fonctions de voisinage. Nous passons alors à l'évaluation de l'effet du modèle de langue inversé pour le décodage à partir d'amorces de type ADTP et pour la post-optimisation.

Quelques nouvelles idées ont pris naissance durant notre réflexion vis-à-vis de nos résultats, présentés dans leur entièreté à l'annexe I. Par exemple, on peut isoler les meilleures fonctions de voisinage et effectuer de nouvelles expériences à partir de celles-ci. Il nous semble tout à fait à propos de comparer nos résultats avec les performances de MOSES et à celles du système de Langlais et al. (2007)

---

[3] 5 pour le MBS, 1 pour le modèle de langue régulier, 1 pour le modèle de langue inversé, 1 pour la pénalité attribuée à la longueur en mots de la phrase et 1 pour le modèle de distorsion.

[4] Nous avons noté que généralement, cette fonction est très utilisée, donc nous avons jugé opportun de calibrer notre décodeur en en tenant compte.

dont le comportement est fidèlement reproduit par notre système. C'est ce que nous avons fait à la sous-section 4.3.4.

Ensuite, à la sous-section 4.3.5 nous présentons des exemples anecdotiques de nos traductions, choisies au hasard, et les comparons aux traductions des systèmes de Langlais et al. (2007), de MOSES et, bien sûr, aux traductions références générées par des humains.

Enfin, nous mettons notre système à l'épreuve en explorant une plus grande partie de l'espace de recherche. Nous nous basons sur l'ouvrage de Russell et Norvig (2010) afin de permettre des déplacements dans des directions autres que vers le « haut », soit la maximisation de notre fonction de score. Nous présentons ces résultats à la sous-section 4.3.6.

4.3.1 Amorces

Aux tableaux 4.2 et 4.3, nous présentons les proportions d'utilisation des différents types d'amorces afin d'évaluer leur performance. Pour ce faire, nous avons recueilli les statistiques de sélection des deux types d'amorces qui effectuent un choix parmi les autres types d'amorces selon notre fonction de score, soit les types CADTP et CMULT. Tel qu'élaboré au chapitre 3 à la section 3.2.3, CADTP choisit parmi les amorces de type ADTP. CMULT effectue son choix parmi tous les types d'amorces, soit les amorces de type ADTP et l'amorce SMOSES, telle que fournie par MOSES. Les valeurs rapportées aux tableaux ci-mentionnés, allant de 0 à 1, indiquent donc quels ont été les types d'amorces les plus populaires en terme de proportion d'utilisation.

Direction de tra-duction	Type d'amorce	ADTP-GD	ADTP-DG	ADTP-PD	ADTP-AL	SMOSES
fr2en	CMULT	0.08	0.08	0.01	0.01	**0.82**
	CADTP	0.40	**0.52**	0.02	0.06	0.00
en2fr	CMULT	0.01	0.02	0.00	0.01	**0.96**
	CADTP	0.35	**0.55**	0.02	0.08	0.00
es2en	CMULT	0.01	0.01	0.00	0.01	**0.97**
	CADTP	0.37	**0.42**	0.01	0.20	0.00
en2es	CMULT	0.04	0.02	0.00	0.00	**0.94**
	CADTP	0.43	**0.52**	0.02	0.03	0.00
de2en	CMULT	0.02	0.01	0.00	0.01	**0.96**
	CADTP	**0.46**	0.41	0.01	0.13	0.00
en2de	CMULT	0.02	0.02	0.00	0.00	**0.96**
	CADTP	0.48	**0.50**	0.01	0.02	0.00

Tableau 4.2 – Proportions d'utilisation des différents types d'amorces.

Direction de traduction	Type d'amorce	ADTP-GD	ADTP-DG	ADTP-PD	ADTP-AL	SMOSES
fr2en	CMULT	0.04	0.03	0.00	0.01	**0.92**
	CADTP	0.40	**0.52**	0.02	0.07	0.00
en2fr	CMULT	0.03	0.03	0.00	0.01	**0.93**
	CADTP	0.38	**0.55**	0.02	0.06	0.00
es2en	CMULT	0.01	0.01	0.00	0.02	**0.96**
	CADTP	0.38	**0.43**	0.01	0.18	0.00
en2es	CMULT	0.04	0.02	0.00	0.00	**0.94**
	CADTP	0.43	**0.52**	0.02	0.03	0.00
de2en	CMULT	0.02	0.01	0.00	0.00	**0.97**
	CADTP	**0.47**	0.41	0.01	0.12	0.00
en2de	CMULT	0.02	0.00	0.00	0.00	**0.98**
	CADTP	0.47	**0.48**	0.01	0.05	0.00

Tableau 4.3 – Proportions d'utilisation des différents types d'amorces incorporant un modèle de langue inversé.

Prenons d'abord les résultats pour CADTP. Contre toute attente, notre fonction de score a préféré les amorces ADTP-GD et ADTP-DG à l'amorce de type ADTP-PD, soit celle proposée par Langlais et al. (2007), et ce, 90.42% du temps. L'utilisation de l'amorce CADTP au détriment de l'amorce ADTP-PD seule se traduit également par une augmentation du score BLEU de plus de 85% de nos traductions, tel que rapporté à l'annexe I . Ce fait est intéressant, car les amorces de type ADTP-GD et ADTP-DG n'utilisent pas une approche par PD conceptuellement plus sophistiquée. En fait, l'amorce ADTP-AL, notre amorce aléatoire, est retenue plus souvent que l'amorce ADTP-PD. Or tel que nous l'avons mentionné au chapitre 3, il arrive parfois que certaines amorces provenant de méthodes différentes soient identiques. Ajoutons à cela que l'ordre de sélection pour le type d'amorce CADTP est :

1. ADTP-GD

2. ADTP-DG

3. ADTP-PD

4. ADTP-AL

Ceci signifie que l'amorce de type ADTP-PD a peut-être été identique à celles de types ADTP-GD ou ADTP-DG à plusieurs reprises, mais non retenue à cause de cet ordre de sélection. Par contre, tel que mentionné ci-haut, dans l'ensemble de nos résultats, l'utilisation de l'amorce de type CADTP vis-à-vis de l'utilisation de l'amorce de type ADTP-PD seule a eu un effet largement bénéfique.

Comme nous nous y attendions, CMULT présente un biais important vers l'amorce SMOSES, soit la traduction de MOSES. Malgré cela, notre fonction de score a tout de même parfois préféré les amorces ADTP. Ceci ne s'est toutefois pas traduit en une augmentation du score des traductions, bien au contraire, le score s'est presque toujours dégradé. Par contre, nous croyons qu'un calibrage plus élaboré pourrait possiblement remédier à ce problème.

Nous jugeons important de noter que l'incorporation du modèle de langue inversé dans notre fonction de score ne renverse pas les tendances générales que nous venons de soulever.

SOURCE	je dois toutefois également prier le parlement d' être ouvert à la négociation .
TRADUCTION RÉFÉRENCE	but i would also urge parliament to be prepared to negotiate in these matters .
ADTP-GD	i must , however , also |0 − 3| ask parliament |4 − 6| to be open |7 − 9| to negotiation . |10 − 13|
ADTP-DG	i must , however , also |0 − 3| ask parliament |4 − 6| to be open |7 − 9| to negotiation . |10 − 13|

Tableau 4.4 – Exemple d'une phrase à traduire, de sa traduction par un humain et des amorces de type ADTP-GD et ADTP-DG ainsi que de leur segmentation.

Une tendance générale que nous avons observée est la différence importante entre les scores obtenus par les amorces ADTP-GD et ADTP-DG sans avoir recours aux fonctions de voisinage, soit 1.19 points BLEU en moyenne en faveur des amorces ADTP-DG sur l'ensemble de nos résultats[5]. Bien que certaines amorces de types ADTP-GD et ADTP-DG soient identiques, tel que nous pouvons observer au tableau 4.4[6], pour certaines autres, ce n'est pas le cas. Nous voyons au tableau 4.5 quelques exemples d'une observation récurrente : les segments dans les amorces de type ADTP-DG débutent souvent par un article ou une préposition et se terminent par un mot important syntaxiquement, que ce soit un nom, un adjectif, ou un verbe. Ceci est peut-être dû au fait que nous démarrons le processus de création d'amorce à droite pour le type ADTP-DG, donc avec une ponctuation de fin de phrase dans le cas de phrases complètes. Chercher un gros segment dans le MBS à partir de ce point nous amène peut-être des possibilités plus syntaxiquement acceptables puisqu'observées plus souvent dans le corpus d'entraînement. Le type d'amorce ADTP-GD n'a pas cet avantage étant donné

[5]Voir annexe I.
[6]Rappelons que notre nomenclature de segmentation fait apparaître deux nombres à la droite d'un segment. Ceux-ci font référence aux positions des mots formant le segment source auquel correspond le segment cible.

que ce qui vient en début de phrase peut souvent apparaître à d'autres positions dans d'autres phrases. Nous croyons qu'il est donc possible que l'avantage des amorces de type ADTP-DG proviennent du fait de « *partir du bon pied* » avec la ponctuation de fin de phrase, menant à des amorces de meilleure qualité.

SOURCE	for a wide range of sectors this means the reduction and phasing out of activities .
TRADUCTION RÉFÉRENCE	cela signifie une réduction ou une suppression progressive des activités pour toute une série de secteurs .
ADTP-GD	pour un large éventail de |0 − 4| secteurs |5 − 5| cela signifie **le** |6 − 8| réduction et |9 − 10| **élimination** progressive des |11 − 13| activités . |14 − 15|
ADTP-DG	pour |0 − 0| un large éventail de secteurs |1 − 5| cela signifie |6 − 7| **la** réduction |8 − 9| et **la suppression** progressive |10 − 12| des activités . |13 − 15|

Tableau 4.5 – Exemple d'une phrase à traduire, de sa traduction par un humain et des amorces de type ADTP-GD et ADTP-DG ainsi que de leur segmentation.

Cependant, il est à noter que cet avantage s'estompe rapidement à 0.14 points BLEU en moyenne suite à l'application de transformations à l'aide de fonctions de voisinage. Ces dernières sont donc en mesure de combler les lacunes des amorces de type ADTP-GD. Nous discutons d'avantage des fonctions de voisinage dans la sous-section 4.3.2.

4.3.2 Fonctions de voisinage

Dans cette sous-section, nous désirons mettre à l'avant la popularité des fonctions de voisinage lors du décodage. Pour le décodage à partir d'amorces de type ADTP, nous nous sommes tenus à l'amorce de type CADTP, car, comme nous l'avons mentionné à la section précédente, elle livre des traductions légèrement supérieures en termes de BLEU. Nous avons utilisé la configuration de fonctions de voisinage nommée TOUTES, qui regroupe toutes nos fonctions de voisinage. Les tableaux 4.6 et 4.7 présentent les proportions de fonctions de voisinage « gagnantes » à chaque étape du déroulement de notre algorithme glouton, et ce, sur l'ensemble de nos résultats pour la configuration CADTP + TOUTES. Nous tenons à spécifier que les tableaux 4.6 et 4.7 représentent nos trouvailles sans modèle de langue inversé et avec modèle de langue inversé respectivement. Encore une fois, ces proportions vont de 0 à 1.

Les tableaux 4.6 et 4.7 nous montrent que l'utilisation des fonctions SPLIT et SPLIT-REPLACE domine notre recherche locale. La première, une de nos contributions, est la plus utilisée de toutes, soit 43.67% des transformations retenues. La deuxième compte pour 17.83% de ces dernières. Ensemble, elles

Fonctions	Directions de traduction					
	fr2en	en2fr	es2en	en2es	de2en	en2de
REPLACE	**0.06**	**0.06**	**0.05**	**0.16**	**0.12**	**0.18**
BI-REPLACE	0.01	0.03	0.02	0.07	**0.05**	**0.09**
SPLIT	**0.58**	**0.50**	**0.62**	**0.27**	**0.41**	**0.25**
SPLIT-REPLACE	**0.11**	**0.21**	**0.12**	**0.22**	**0.18**	**0.21**
MERGE	0.00	0.00	0.00	0.00	0.00	0.00
MERGE-REPLACE	**0.08**	**0.07**	**0.07**	**0.10**	**0.05**	0.08
MERGE-DISPLACE	0.00	0.00	0.00	0.00	0.00	0.00
MERGE-DISPLACE-REPLACE	0.00	0.00	0.00	0.00	0.00	0.00
SWAP	0.01	0.01	0.01	0.01	0.01	0.01
SWAP-REPLACE	0.00	0.00	0.00	0.00	0.00	0.00
SPLIT-SWAP	0.01	0.01	0.01	0.01	0.01	0.01
SPLIT-SWAP-REPLACE	0.00	0.01	0.00	0.01	0.01	0.01
MOVE	0.01	0.00	0.01	0.00	0.02	0.01
MOVE-REPLACE	0.01	0.01	0.01	0.01	0.02	0.02

Tableau 4.6 – Comparatif de la proportion d'utilisation des différentes fonctions de voisinage.

comptent donc pour 61.50% des transformations retenues. Ceci nous amène à croire que nos algorithmes d'amorces de type ADTP ne sont pas assez agressifs dans la segmentation des phrases sources puisque ces deux fonctions, nous le rappelons, « resegmentent » un segment de l'hypothèse. Par contre, y aller trop agressivement est sans issue, car, comme nous pouvons le constater avec les amorces ADTP-AL qui tendent à être segmentées mot par mot, ceci livre de très mauvais résultats[7]. SPLIT et SPLIT-REPLACE sont suivies de REPLACE et MERGE-REPLACE, dans cet ordre. Les autres fonctions de voisinage sont peu utilisées.

Pour la post-optimisation, nous avons remarqué que pour la configuration de fonctions de voisinage TOUTES, les résultats obtenus à l'aide des amorces SMOSES et CMULT sont comparables. Nous avons retenu la dernière. Les tableaux 4.8 et 4.9 représentent donc les proportions d'utilisation des fonctions de voisinage pour l'amorce CMULT sans et avec modèle de langue inversé, respectivement.

---

[7]Voir les résultats en annexe I.

Fonctions	Directions de traduction					
	fr2en	en2fr	es2en	en2es	de2en	en2de
REPLACE	**0.06**	**0.07**	**0.05**	**0.16**	**0.11**	**0.14**
BI-REPLACE	0.02	0.04	0.01	0.07	**0.06**	**0.10**
SPLIT	**0.56**	**0.48**	**0.66**	**0.26**	**0.41**	**0.24**
SPLIT-REPLACE	**0.14**	**0.20**	**0.08**	**0.21**	**0.19**	**0.27**
MERGE	0.00	0.00	0.00	0.00	0.00	0.00
MERGE-REPLACE	**0.08**	**0.09**	**0.09**	**0.10**	**0.06**	**0.10**
MERGE-DISPLACE	0.00	0.00	0.00	0.00	0.00	0.00
MERGE-DISPLACE-REPLACE	0.00	0.00	0.00	0.00	0.00	0.00
SWAP	0.01	0.00	0.01	0.01	0.01	0.00
SWAP-REPLACE	0.00	0.00	0.00	0.01	0.00	0.00
SPLIT-SWAP	0.01	0.00	0.01	0.01	0.01	0.00
SPLIT-SWAP-REPLACE	0.00	0.01	0.00	0.01	0.01	0.01
MOVE	0.00	0.00	0.01	0.01	0.02	0.00
MOVE-REPLACE	0.01	0.01	0.00	0.01	0.02	0.01

Tableau 4.7 – Comparatif de la proportion d'utilisation des différentes fonctions de voisinage en incorporant un modèle de langue inversé.

Dans les tableaux 4.8 et 4.9, nous notons une tendance similaire que celle qui est observable aux tableaux 4.6 et 4.7, mais avec des différences fondamentales. Les mêmes quatre fonctions dominent le décodage, soit SPLIT, SPLIT-REPLACE, REPLACE et MERGE-REPLACE, par contre leur ordre d'importance a été permuté. C'est maintenant MERGE-REPLACE qui est la plus utilisée, responsable de 24.17% des transformations. REPLACE vient après MERGE-REPLACE avec 18.33% d'utilisation, suivie de SPLIT ET SPLIT-REPLACE à 16.33% et 7.50% respectivement. Puisque MERGE-REPLACE est la fonction de voisinage la plus utilisée en post-optimisation, on peut penser que notre fonction de score préfère créer des segments plus gros, peut-être pour les remplacer et/ou les segmenter à nouveau. Nous croyons donc que plutôt que de trouver erreur dans une segmentation peu agressive, tel que nous l'avons mentionné vis-à-vis de nos résultats pour le décodage à partir d'amorces de type ADTP, c'est simplement la fonction de score qui fait son travail selon sa propre maximisation, soit en motivant la segmentation avec SPLIT et SPLIT-

Fonctions	Directions de traduction					
	fr2en	en2fr	es2en	en2es	de2en	en2de
REPLACE	**0.13**	**0.2**	**0.18**	**0.23**	**0.15**	**0.23**
BI-REPLACE	0.02	0.04	0.02	0.04	0.03	0.05
SPLIT	**0.15**	**0.10**	**0.22**	**0.15**	**0.30**	**0.09**
SPLIT-REPLACE	**0.03**	**0.06**	**0.07**	**0.10**	**0.13**	**0.08**
MERGE	0.00	0.00	0.00	0.00	0.00	0.00
MERGE-REPLACE	**0.47**	**0.40**	**0.15**	**0.12**	**0.05**	**0.15**
MERGE-DISPLACE	0.00	0.00	0.00	0.00	0.00	0.00
MERGE-DISPLACE-REPLACE	0.00	0.00	0.00	0.00	0.00	0.00
SWAP	0.01	0.00	0.01	0.01	0.01	0.01
SWAP-REPLACE	0.00	0.00	0.00	0.00	0.00	0.00
SPLIT-SWAP	0.01	0.00	0.01	0.01	0.02	0.00
SPLIT-SWAP-REPLACE	0.00	0.00	0.01	0.01	0.01	0.00
MOVE	0.02	0.00	0.02	0.01	0.03	0.00
MOVE-REPLACE	0.01	0.01	0.01	0.01	0.03	0.01

Tableau 4.8 – Comparatif de la proportion d'utilisation des différentes fonctions de voisinage pour la post-optimisation.

REPLACE, soit en privilégiant l'agglomération avec MERGE-REPLACE, ou bien en essayant des segments cibles de rechange avec la fonction REPLACE. Notre décodeur est donc muni de ce dont il a besoin pour modifier une amorce convenablement, selon la maximisation de notre fonction de score.

Les quatre fonctions les plus utilisées comptent pour 73.04% des transformations comptabilisées aux tableaux 4.6, 4.7, 4.8 et 4.9 et se répartissent en deux fonctions de type FMBS et deux fonctions de type FML. Le fait d'avoir tant recours à des fonctions destinées à échapper à des maximums locaux nous amène à croire que ceci est un facteur déterminant dans la recherche locale. Pour cette raison, nous avons effectué des expériences servant à explorer davantage l'espace de recherche. Les résultats de ces dernières sont relatés à la sous-section 4.3.6.

4.3.3 Modèle de langue inversé

Ici, nous désirons comparer nos meilleurs résultats sur la base de l'incorporation ou non d'un modèle global supplémentaire dans notre fonction de score,

Fonctions	Directions de traduction					
	fr2en	en2fr	es2en	en2es	de2en	en2de
REPLACE	**0.13**	**0.17**	**0.17**	**0.24**	**0.16**	**0.21**
BI-REPLACE	0.02	**0.04**	0.02	0.04	0.03	0.05
SPLIT	**0.10**	**0.08**	**0.23**	**0.13**	**0.30**	**0.11**
SPLIT-REPLACE	**0.03**	**0.04**	**0.03**	**0.07**	**0.12**	**0.14**
MERGE	0.00	0.00	0.00	0.00	0.00	0.00
MERGE-REPLACE	**0.53**	**0.49**	**0.24**	**0.13**	**0.05**	**0.12**
MERGE-DISPLACE	0.00	0.00	0.00	0.00	0.00	0.00
MERGE-DISPLACE-REPLACE	0.00	0.00	0.00	0.00	0.00	0.00
SWAP	0.00	0.00	0.01	0.01	0.01	0.00
SWAP-REPLACE	0.00	0.00	0.00	0.00	0.00	0.00
SPLIT-SWAP	0.00	0.00	0.01	0.01	0.01	0.00
SPLIT-SWAP-REPLACE	0.00	0.00	0.00	0.01	0.01	0.00
MOVE	0.01	0.00	0.01	0.01	0.02	0.00
MOVE-REPLACE	0.01	0.00	0.01	0.02	0.03	0.00

Tableau 4.9 – Comparatif de la proportion d'utilisation des différentes fonctions de voisinage pour la post-optimisation en incorporant un modèle de langue inversé.

soit le modèle de langue inversé. Le but est d'évaluer l'utilité d'un tel modèle sur le plan de la qualité de traduction.

Pour les amorces de type ADTP, dont les résultats sont affichés au tableau 4.10, nous avons retenu le type d'amorce CADTP. Comme nous l'avons déjà mentionné, ce dernier livre des traductions supérieures en termes de BLEU. La configuration FBASE est responsable de 58.33% des meilleures traductions dans l'ensemble de nos expériences. Nous nous tenons donc aux résultats impliquant cette configuration de fonctions de voisinage.

Bien que le tableau 4.10 affiche parfois des pertes lorsqu'on emploie un modèle de langue inversé, nous croyons que les gains justifient cet emploi. En fait, il y a des gains dans 4 directions de traduction sur 6 et ces gains sont en moyenne de 0.29 points BLEU contre des pertes moyennes de 0.04 points pour les directions de traduction en2fr et es2en. Nous croyons même que les pertes rapportées sont le résultat du calibrage d'un paramètre de supplémentaire, ayant comme effet l'explosion exponentielle des possibilités de calibrages.

Direction	Sans modèle de langue inversé	Avec modèle de langue inversé
fr2en	30.42	**30.79**
en2fr	**29.06**	29.03
es2en	**30.37**	30.33
en2es	29.21	**29.64**
de2en	25.47	**25.58**
en2de	18.78	**19.01**

Tableau 4.10 – Comparatif des scores BLEU des meilleures traductions de type CADTP + FBASE sans modèle de langue inversé vs avec modèle de langue inversé.

Au tableau 4.11, nous présentons les résultats des traductions obtenues à l'aide de notre décodeur en tant qu'outil de post-optimisation. Les résultats obtenus à l'aide de l'amorce de type CMULT dépassent ou égalisent ceux obtenus en utilisant l'amorce SMOSES 69% du temps. De plus, la configuration FBASE rend des résultats supérieurs ou égaux à ceux obtenus à l'aide des autres configurations dans 67% des cas. C'est donc cette dernière, telle qu'appliquée aux amorces de type CMULT, qui a été retenue pour les résultats du tableau 4.11.

Direction	Sans modèle de langue inversé	Avec modèle de langue inversé
fr2en	31.37	**31.60**
en2fr	30.12	**30.42**
es2en	30.98	**31.19**
en2es	30.70	**31.06**
de2en	26.41	**26.57**
en2de	19.75	**19.99**

Tableau 4.11 – Comparatif des scores BLEU des meilleures traductions de type CMULT + FBASE (post-optimisation) sans modèle de langue inversé vs avec modèle de langue inversé.

Nous observons que notre décodeur, lorsqu'employé comme outil de post-optimisation, bénéficie toujours de l'incorporation d'un modèle de langue inversé. En fait, si nous confondons les frontières entre les résultats des configurations CADTP + FBASE et CMULT + FBASE, nous voyons que l'utilisation d'un modèle de langue inversé est un avantage dans 10 cas sur 12. Ceci justifie amplement que nous fassions toujours emploi d'un modèle de langue inversé lors de la recherche locale en traduction statistique.

4.3.4 Comparaisons de systèmes

Ici, nous désirons comparer les performances du décodeur de MOSES, de celui de Langlais et al. (2007), dont le comportement est reproduit par notre décodeur, et du nôtre. Ces résultats sont présentés aux tableaux 4.12 et 4.13. Le premier représente les scores BLEU des traductions obtenues lors du décodage à partir d'amorces de type ADTP, donc générées par notre décodeur. Le deuxième relate les performances du système de Langlais et al. (2007) et du nôtre en tant qu'outils de post-optimisation. Nous rappelons que le type d'amorce ADTP-PD et la configuration de fonctions de voisinage FBASE représentent ici les configurations utilisées par le système de Langlais et al. (2007).

Aux tableaux 4.12 et 4.13, nous introduisons une nouvelle configuration de fonctions de voisinage, soit la configuration FPOPULAIRES. Cette configuration regroupe les quatre fonctions de voisinage qui ont été utilisées le plus fréquemment par notre décodeur, soit SPLIT, SPLIT-REPLACE, REPLACE et MERGE-REPLACE. Tel que rapporté à la sous-section 4.3.2, ces quatre fonctions comptent pour un peu plus de 73% des transformations retenues par notre décodeur.

Notons aussi qu'étant donné les gains en BLEU, soit dans 10 cas sur 12 selon nos résultats à la section 4.3.3, tous les résultats inscrits dans les tableaux 4.12 et 4.13 ont été obtenus à l'aide de l'ajout d'un modèle de langue inversé.

Direction	ADTP-PD + FBASE	CADTP + FBASE	CADTP + FPOPULAIRES
fr2en	30.70	**30.79**	30.73
en2fr	28.95	**29.03**	28.97
es2en	30.29	**30.33**	30.19
en2es	29.26	**29.64**	29.60
de2en	**25.65**	25.58	25.58
en2de	18.75	**19.01**	18.94

Tableau 4.12 – Comparatif des systèmes de référence pour les amorces ADTP.

Au tableau 4.12, nous voyons que, malgré la popularité de la fonction SPLIT, une configuration de fonctions de voisinage ne l'incluant pas, soit FBASE, livre des résultats légèrement supérieurs à ceux obtenus à l'aide de la configuration FPOPULAIRES qui, elle, la contient. Ceci porte à croire que même si une fonction de voisinage produit une transformation qui maximise notre fonction de score, cette première peut toujours avoir un effet globalement néfaste sur la traduction. Il est possible que notre fonction de score soit mal adaptée à notre algorithme. Nous croyons toutefois que la faible distance séparant les scores BLEU de nos résultats ne justifie pas de douter de la pertinence de l'équation 3.1. Nous pensons plutôt qu'un calibrage plus sophistiqué, comme celui effectué à l'aide de MERT, pourrait optimiser l'efficacité de notre fonction de score.

Nous désirons souligner le fait suivant : l'utilisation de la configuration FPO-PULAIRES se traduit par une accélération aux alentours de 20% par rapport à l'utilisation de FBASE, pour une différence de score peu importante. En fait, nous voyons à la sous-section 4.3.5, que les différences entre les traductions provenant de ces deux configurations sont parfois qualitativement négligeables.

Il est intéressant de noter que, contrairement à FBASE, aucune fonction dans FPOPULAIRES ne permet la distorsion. Or, lors du passage de FBASE à FPO-PULAIRES, nous ne remarquons pas de pertes de points BLEU plus importantes pour les directions de traductions impliquant l'allemand, soit de2en et en2de, alors qu'il y a une distorsion souvent implicite par rapport à l'anglais. Pour ces raisons, nous croyons qu'il est donc préférable d'utiliser la configuration de fonctions de voisinage FPOPULAIRES.

Direction	SMOSES	SMOSES + FBASE	SMOSES + FPOPU-LAIRES	CMULT + FBASE	CMULT + FPOPU-LAIRES
fr2en	**32.44**	31.54	31.47	31.60	31.54
en2fr	**32.16**	30.44	30.45	30.42	30.43
es2en	**32.41**	31.18	31.18	31.19	31.17
en2es	**31.75**	31.08	31.21	31.06	31.20
de2en	**27.37**	26.56	26.63	26.57	26.63
en2de	**20.59**	19.99	20.03	19.99	20.03

Tableau 4.13 – Comparatif des systèmes de référence pour la post-optimisation.

Le tableau 4.13 nous dévoile la même similarité en ce qui a trait aux différences de score pour le passage de FBASE à FPOPULAIRES que nous montre le tableau 4.12. Nous avons toujours une accélération non-négligeable, soit dans les environs de 28%. Nous croyons que ces gains justifient amplement l'usage de la configuration de fonctions FPOPULAIRES non seulement pour le décodage à partir d'amorces de type ADTP, où notre décodeur crée les amorces, mais aussi en post-optimisation.

Nous pouvons observer qu'il y a toujours une dégradation des scores en post-optimisation vis-à-vis de l'amorce SMOSES. Notre décodeur corrige peut-être mal ou pas du tout les sorties de MOSES. Peut-être qu'il y insère des erreurs. Nous croyons même que le faisceau de MOSES, 100 préfixes[8], maintient peut-être assez de solutions de rechange à la solution courante pour permettre de *retourner en arrière* convenablement et trouver un meilleur préfixe, effectuant

---

[8]Valeur par défaut, http ://www.statmt.org/moses/ ?n=Moses.Tutorial#ntoc8

en quelque sorte des corrections non-continues. Par contre, nous croyons toujours qu'un calibrage plus exhaustif raffinerait l'efficacité de notre décodeur, donnant possiblement une opportunité à la recherche locale d'améliorer les traductions de MOSES. Néanmoins, la question se pose toujours : À quoi ressemblent ces différences à l'oeil nu ? Sont-elles significatives ? Nous tentons de répondre à ces questions à la sous-section suivante.

4.3.5 Exemples de traductions

Dans cette section, nous voulons évaluer les différences langagières observables engendrées par certaines des différentes stratégies de recherche en traduction statistique que nous avons présentées jusqu'à date. Par exemple, nous voulons comparer la phrase source et sa traduction référence par un humain, ainsi que les sorties de MOSES et celles produites à l'aide de différentes configurations de notre décodeur. Les phrases qui sont citées ici ont été choisies parmi vingt phrases sélectionnées aléatoirement pour chaque direction de traduction.

L'exemple au tableau 4.14 est la phrase 677 de notre corpus de test, traduite du français vers l'anglais. Il démontre la faiblesse d'une métrique comme BLEU en ce qu'elle se fie entièrement à une traduction humaine que l'on admet comme infaillible. La traduction humaine (RÉFÉRENCE) est un parfait exemple d'une traduction erronée. BLEU enlève donc des points à une traduction qui ne contient pas le bi gram « *mobiles phones* » alors que ce dernier devrait être « *mobile phones* ».

De plus, l'inclusion de la formulation « *to include* » dans la traduction humaine devrait être remplacée par « *in order to include* » ou bien carrément par « *including* » ce qui a été fait par MOSES et laissé comme tel en post-optimisation. En fait, lors de cette post-optimisation, notre décodeur à toujours rendu la même traduction, quelle que soit la configuration. Elles ne diffèrent de celle de MOSES que par le mot « *in* », ajouté après le mot « *including* ».

Fait intéressant à noter, au tableau 4.14, toutes les traductions démarrées uniquement à partir d'amorces de type ADTP sont aussi identiques. Par contre, ceci n'est pas le cas pour la traduction de l'anglais vers le français de la phrase source citée au tableau 4.15. Nous y voyons que la traduction produite à l'aide de la configuration CADTP + FPOPULAIRES a évité l'inclusion fautive du mot « *trop* » qui est présent dans les traductions livrées par la configuration proposée par Langlais et al. (2007), soit ADTP-PD + FBASE et la configuration CADTP + FBASE. Bien que les traductions statistiques citées ici ont toutes mal tenu compte du nombre quant à l'accord des pronoms relatifs « *laquelle* » ou « *lequel* », la configuration CADTP + FPOPULAIRES est la seule à avoir mené à une traduction où le genre de ce pronom relatif est bien accordé. Ceci démontre qu'il y a peut-

SOURCE	il faut imposer un service public européen de haut niveau , en y incluant les mobiles et internet , répondant aux besoins fondamentaux des salariés et des usagers .
RÉFÉRENCE	a high quality european public service must be imposed , **to include mobiles phones** and the internet , to meet the basic needs of employees and users .
SMOSES	we must impose a european public service of high level , **including** the mobile and internet , responding to the basic needs of the workers and users .
SMOSES + FBASE	we must impose a european public service of high level , **including in** the mobile and internet , responding to the basic needs of the workers and users .
SMOSES + FPOPULAIRES	we must impose a european public service of high level , **including in** the mobile and internet , responding to the basic needs of the workers and users .
CMULT + FBASE	we must impose a european public service of high level , **including in** the mobile and internet , responding to the basic needs of the workers and users .
CMULT + FPOPULAIRES	we must impose a european public service of high level , **including in** the mobile and internet , responding to the basic needs of the workers and users .
ADTP-PD + FBASE	we must impose a european public service of high level , **including in** the mobile and internet , responding to the basic needs of workers and users .
CADTP + FBASE	we must impose a european public service of high level , **including in** the mobile and internet , responding to the basic needs of workers and users .
CADTP + FPOPULAIRES	we must impose a european public service of high level , **including in** the mobile and internet , responding to the basic needs of workers and users .

Tableau 4.14 – Exemple d'une phrase à traduire, de sa traduction par un humain et de traductions statistiques de cette même phrase.

être un avantage à éviter certaines fonctions de voisinage.

SOURCE	these are the results of which the european parliament too can be proud .
RÉFÉRENCE	le parlement européen peut être fier de ces résultats lui aussi .
ADTP-PD + FBASE	tels sont les résultats de **laquelle** le parlement européen **trop** peut être fière .
CADTP + FBASE	tels sont les résultats de **laquelle** le parlement européen **trop** peut être fière .
CADTP + FPOPULAIRES	tels sont les résultats de **lequel** le parlement européen peut être fier .

Tableau 4.15 – Exemple d'une phrase à traduire, de sa traduction par un humain et de traductions statistiques de cette même phrase.

Autre fait intéressant à noter, comme le montre le tableau 4.16[9], il est parfois important d'éviter certaines amorces ADTP. Par exemple, la configuration ADTP-PD + FBASE mène à l'omission du verbe auxiliaire « avoir » pour le participe passé « convenu ». L'amorce de type CADTP prend avantage de l'amorce ADTP-PD lorsque celle-ci présente une plus-value sur le plan de la maximisation de la fonction de score, mais permet aussi de l'éviter lorsque son utilisation représente un risque.

SOURCE	finally , leaders agreed to encourage an intensification of contacts among parliamentarians as set out in the coopera- tion framework .
RÉFÉRENCE	enfin , les dirigeants ont décidé d' encourager une intensifica- tion des contacts interparlementaires , comme cela est prévu dans le cadre de coopération .
ADTP-PD + FBASE	enfin , les dirigeants **convenu** à encourager une intensification des contacts entre députés tels que définis dans la coopération cadre .
CADTP + FBASE	enfin , les dirigeants sont d' accord pour encourager une in- tensification des contacts entre parlementaires tels que définis dans le cadre de coopération .
CADTP + FPOPULAIRES	enfin , les dirigeants sont d' accord pour encourager une inten- sification des contacts entre les parlementaires tel que défini dans le cadre de coopération .

Tableau 4.16 – Exemple d'une phrase à traduire, de sa traduction par un humain et de traductions statistiques de cette même phrase.

De retour maintenant à la post-optimisation, nous avons dans le tableau 4.17[10] un exemple de la recherche locale qui corrige une erreur commise par MOSES de manière non-continue. La sortie de MOSES se termine par « to the south korea . ». Notre décodeur retire le « the » fautif.

Toujours en post-optimisation, considérons le tableau 4.18[11]. Voici un exemple où la recherche locale ne corrige pas les erreurs dans la sortie de MOSES. On aurait dû voir « les mouvements féministes » au singulier et « renforcée » au masculin, ou, au pire, au masculin pluriel. De manière encore plus importante, le sens original de la phrase source est inversé par l'omission du mot « que », présent dans la sortie de MOSES. Nous trouvons cet exemple d'intérêt, car il souligne l'effet parfois dégradant des fonctions de voisinage. Au lieu de corriger une erreur, on en introduit une. Par contre, existe-t-il un chemin menant vers une meilleure solution dans le voisinage de cette dernière ? Une transformation qui ne maximise pas notre fonction de score mènera-t-elle éventuellement à une traduction de qualité supérieure ? Nous explorons ce sujet à la sous-section 4.3.6.

---

[9]Pour voir l'exemple au complet, veuillez vous référer au tableau II.4 à l'annexe II.
[10]Pour voir l'exemple au complet, veuillez vous référer au tableau II.2 à l'annexe II.
[11]Pour voir l'exemple au complet, veuillez vous référer au tableau II.5 à l'annexe II.

SOURCE	je comprends , à la lueur des derniers développements , que la commission ait décidé d' adopter une ligne plus dure - et à juste titre - à l' égard de la corée du sud .
RÉFÉRENCE	in the light of the latest development , i can appreciate why the commission has , with good reason , adopted a harder line on south korea .
SMOSES	i understand , in the light of recent developments , that the commission has decided to take a tougher line - and rightly so - **to the south korea** .
SMOSES + FBASE	i understand , in the light of recent developments , that the commission has decided to take a tougher line - and rightly so - **to south korea** .
SMOSES + FPOPULAIRES	i understand , in the light of recent developments , that the commission has decided to take a tougher line - and rightly so - **to south korea** .
CMULT + FBASE	i understand , in the light of recent developments , that the commission has decided to take a tougher line - and rightly so - **to south korea** .
CMULT + FPOPULAIRES	i understand , in the light of recent developments , that the commission has decided to take a tougher line - and rightly so - **to south korea** .

Tableau 4.17 – Exemple d'une phrase à traduire, de sa traduction par un humain et de traductions statistiques de cette même phrase.

SOURCE	the women ' s movement can only be strengthened by such a decision .
RÉFÉRENCE	la cause des femmes ne peut qu' être renforcée par une telle décision .
SMOSES	**les mouvements féministes** ne peut être **que renforcée** par une telle décision .
SMOSES + FBASE	**les mouvements féministes** ne peut être **renforcée** par une telle décision .
SMOSES + FPOPULAIRES	**les mouvements féministes** ne peut être **renforcée** par une telle décision .
CMULT + FBASE	**les mouvements féministes** ne peut être **renforcée** par une telle décision .
CMULT + FPOPULAIRES	**les mouvements féministes** ne peut être **renforcée** par une telle décision .

Tableau 4.18 – Exemple d'une phrase à traduire, de sa traduction par un humain et de traductions statistiques de cette même phrase.

4.3.6   Exploration de l'espace de recherche

Dans cette sous-section, nous relatons nos expériences d'exploration d'une plus grande partie de l'espace de recherche. Nous y arrivons en permettant à notre algorithme glouton d'échapper à des maximums locaux en sélectionnant un état voisin possédant un score égal ou moindre. Nous aurions aussi pu faire du recuit simulé, mais notre approche, inspirée de celle décrite par Russell et Norvig (2010), est simple à implémenter et satisfait nos besoins. Nous avons pris la liberté de la nommer, soit l'exploration LATÉRALE-DESCENDANTE. Ceci demande la considération de deux paramètres (Russell et Norvig, 2010), soit :

1. La dévaluation de score permise par incrément latéral-descendant.

2. Le nombre d'incréments latéraux-descendants que nous tolérons.

Pour le premier paramètre, nous avons évalué à -6200 l'élévation maximale d'un pas vers le bas à partir de la solution courante. Nous savons qu'une fonction de voisinage affecte au maximum 2 segments. Admettons qu'aucun des segments sources ne soit connu du modèle de traduction[12]. Ceci entraîne un score de $2 * -100 = -200$. Admettons maintenant que dans le pire des cas, improbable soit-il, aucun des n-grams de cette traduction n'apparaisse dans l'un ou l'autre de nos deux modèles de langue[13]. Nous savons qu'une phrase possède en moyenne 30 mots. Ceci entraîne un score minimal moyen de $30 * -100 * 2 = -6000$[14]. En additionnant ces scores, on a un minimum vraisemblable de -6200.

Pour le deuxième paramètre, nos calculs nous ont permis de déterminer qu'un maximum local est atteint en moyenne en 10 transformations. Nous avons jugé que 1000 transformations entraînant une diminution de score, i.e. incréments latéraux-descendants, sont suffisantes afin d'échapper à la plupart des maximums locaux. Nous remettons toujours le compteur d'incréments latéraux-descendants à 0 après avoir recommencé à améliorer le score de la solution courante. Nous faisons ceci de sorte à traiter chaque maximum local comme un nouveau contexte, indépendant de ceux rencontrés antérieurement ou postérieurement.

Il est important de noter que nous gardons toujours en mémoire la meilleure solution obtenue au cours de l'exploration LATÉRALE-DESCENDANTE. Ainsi, lorsque l'exploration est terminée, nous sommes en mesure de retourner la meilleure solution que nous avons pu rencontrer. Nous rappelons que l'exploration LATÉRALE-DESCENDANTE retourne toujours la solution qui maximise notre fonction de score. Elle ne maximise donc pas nécessairement BLEU.

Nous avons choisi de tester une configuration où l'amorce est de type ADTP et une configuration de post-optimisation, soit les amorces CADTP et CMULT, respectivement, à cause des légers gains en points BLEU observés grâce à leur utilisation. Nous avons retenu la configuration de fonctions de voisinage FPO-PULAIRES pour les raisons d'économies de temps de calcul mentionnées à la sous-section 4.3.4 qui se traduisent en perte de qualité négligeable.

---

[12] Tel que le fait MOSES, on accorde un score de -100 pour un segment inconnu.

[13] SRILM accorde un score de -100 pour un n-gram inconnu.

[14] Nous multiplions par 2 afin de tenir compte des 2 modèles de langue.

Direction	CADTP + FPOPU- LAIRES	CADTP + FPOPULAIRES + LATÉRALE- DESCENDANTE	CMULT + FPOPU- LAIRES	CMULT + FPOPULAIRES + LATÉRALE- DESCENDANTE
fr2en	**30.73**	30.72	**31.54**	**31.54**
en2fr	**28.97**	28.93	**30.43**	30.42
es2en	**30.19**	30.17	31.17	**31.19**
en2es	**29.60**	29.57	**31.20**	**31.20**
de2en	**25.58**	25.58	**26.63**	**26.63**
en2de	**18.94**	18.93	**20.03**	**20.03**

Tableau 4.19 – Comparatif des explorations latérales-descendantes des espaces de recherche.

Les résultats présentés au tableau 4.19 ouvrent la voie vers deux interprétations intuitives :

1. Le maximum local atteint sans l'aide de l'exploration LATÉRALE-DESCEN-DANTE est très difficile à dépasser.

2. L'élévation que nous nous permettons de céder par incrément et le nombre total de ces derniers ne sont pas assez grands pour permettre une exploration de l'espace de recherche qui mène vers un maximum local plus que légèrement meilleur, ou même vers le maximum global.

L'exploration LATÉRALE-DESCENDANTE demande en moyenne 47.27 heures pour 1000 phrases de texte à traduire, soit près de deux jours de calculs. Donc bien que l'interprétation 2 semble possible, il nous est difficile d'effectuer des expériences afin de vérifier si tel est le cas. De plus, l'interprétation 1 est raisonnable en ce que l'espace de recherche est généré par l'interaction entre les fonctions de voisinage, l'amorce, les modèles de langue et de traduction, et la fonction de score, donc peut-être que le chemin vers une meilleure solution est en quelque sorte « barré ».

Nous avançons donc que la recherche locale en traduction statistique, telle que nous l'avons effectuée au cours des expériences décrites dans les sous-sections 4.3.1, 4.3.2, 4.3.3 et 4.3.4 livre des traductions qui s'approchent du potentiel maximal vraisemblable promis par notre approche, compte tenu de notre calibrage.

4.4 Discussion

Le but initial de nos expériences était d'effectuer une étude systématique de la recherche locale telle qu'appliquée à la recherche en traduction statistique, un problème NP-complet lorsqu'on permet la distorsion. Pour ce faire, nous avons conduit des expériences où nous avons évalué l'impact de différents types d'amorces, de différentes configurations de fonctions de voisinage et de l'incorporation d'un modèle global, soit le modèle de langue inversé, en plus de vérifier si la recherche locale était en mesure de réparer les erreurs commises par un autre décodeur. Dans l'objectif de pousser le travail de Langlais et al. (2007) plus loin, nous avons développé un décodeur adapté à nos besoins. En particulier, ce dernier devait émuler le décodeur de Langlais et al. (2007), prendre les traductions du système de traduction statistique MOSES en entrée afin d'agir en outil de post-optimisation et rendre possible les fonctionnalités que nous avons élaborées au chapitre 3. Toutes ces demandes ont été satisfaites.

Notre décodeur a été implémenté à l'aide du langage de programmation Python. Bien qu'il offre une grande liberté d'expression et qu'il soit caractérisé par une simplicité impressionnante, ce langage interprété possède le défaut de ralentir l'exécution de tâches beaucoup plus rapidement accomplies à l'aide de langages compilés tel C++. Ceci, couplé à de problèmes techniques imprévus du côté des clusters[15] au DIRO, a considérablement ralenti notre progrès.

Malgré les problèmes mentionnés ci-haut, nous avons pu réaliser nos expériences sur une tâche récente, soit WMT 2008. Par contre, nous avons dû écourter le calibrage de notre décodeur en limitant la taille de nos corpus de développement. La taille de nos corpus de test a également dû être revue à la baisse. Nous rappelons ici que notre métrique d'évaluation a été BLEU (Papineni et al., 2002), retenue à cause de sa haute corrélation avec le jugement humain. Utilisant cette dernière, nous avons entraîné notre décodeur en calibrant de manière empirique les coefficients de notre fonction de score, soit l'équation 3.1.

Le premier aspect de notre décodeur que nous voulions analyser était notre méthode d'amorcer la recherche locale. Nous y sommes parvenus grâce aux types d'amorce CADTP et CMULT, deux de nos contributions. Ces types d'amorces ont la particularité de sélectionner parmi d'autres types d'amorces à l'aide de notre fonction de score. Le type CADTP sélectionne parmi toutes les amorces de type ADTP, qui, nous le rappelons, sont construites par notre décodeur par l'entremise de la segmentation. Le type CMULT, lui, choisit parmi toutes les amorces de type ADTP auxquelles nous ajoutons la traduction fournie par MOSES, celle que nous nommons SMOSES. Pour le décodage à partir d'amorces de type ADTP, nous avons observé que le type d'amorce proposée par Langlais et al. (2007) n'était pas privilégiée. En fait, notre décodeur a préféré les amorces ADTP-GD et ADTP-DG, deux de nos contributions, dans plus de 90% des cas. Par contre, ceci est peut-être dû à l'ordre dans lequel notre algorithme de sélection choisit parmi les diverses amorces. De plus, une différence remarquable à été notée

---

[15]Ordinateurs voués au calcul.

dans le score BLEU des types d'amorces ADTP-GD et ADTP-DG, favorisant ce dernier type. Ceci est probablement dû à la présence de la ponctuation de fin de phrase en « *début* »[16] de segmentation pour les amorces de type ADTP-DG, menant à des choix plus sensés par la suite. La recherche locale estompe toutefois cette différence. Pour ce qui est de la post-optimisation, comme nous nous y attendions, CMULT sélectionne majoritairement l'amorce SMOSES. Lorsqu'il sélectionne une amorce de type ADTP, CMULT n'a aucune préférence.

Le deuxième aspect de notre décodeur à passer sous la loupe a été l'utilisation de fonctions de voisinage. Nous avons pu dégager la conclusion suivante : malgré les 14 fonctions proposées, 4 fonctions sont responsables de plus de 75% de transformations retenues. Celles-ci sont les fonctions SPLIT, SPLIT-REPLACE, REPLACE et MERGE-REPLACE. Pour les amorces ADTP, notre décodeur privilégie les fonctions qui segmentent à nouveau, telles SPLIT et SPLIT-REPLACE. En post-optimisation, notre décodeur préfère agglutiner des segments à l'aide de la fonction MERGE-REPLACE. Cette différence de comportement illustre l'adaptabilité de notre fonction de score : face à des contextes différents, elle motive un comportement différent. De plus, ces quatre fonctions sont réparties également parmi les deux types de fonctions de voisinages, soit les fonctions imitant grossièrement MOSES dans son usage du MBS (FMBS) et les fonctions servant davantage à échapper aux maximums locaux (FML) par des combinaisons conceptuelles de ces dernières. Ceci nous amène à croire que d'échapper à des maximums locaux est un enjeu important lors de la recherche locale, enjeu que nous avons exploré dans la sous-section 4.3.6.

Le troisième aspect de notre décodeur que nous voulions mettre en lumière avant de commencer nos expériences était l'incorporation d'un modèle global supplémentaire à la recherche locale. Le modèle de langue inversé, facile à créer, facile à incorporer, a été retenu pour cette tâche. L'ajout de ce modèle s'avère un avantage dans 10 des 12 configurations que nous avons testées. Nous croyons que ce rapport pourrait être 12 sur 12 avec un calibrage qui tient compte du fait que l'ajout d'un paramètre à ajuster, le coefficient du modèle de langue inversé par exemple, fait exploser le nombre de valeurs possibles pour les coefficients, rendant le calibrage plus difficile. Un calibrage utilisant MERT pourrait remédier à ce problème.

Les trois séries d'expériences que nous venons de décrire ont soit engendré ou bien modifié le déroulement des trois suivantes :

- La comparaison de nos performances à celles de nouvelles configurations, nées de nos observations, ainsi qu'à nos systèmes de référence, soit celui de Langlais et al. (2007) et MOSES.

---

[16]Nous rappelons que pour ce type d'amorce, la segmentation démarre à droite, donc à la fin de la phrase.

- La comparaison d'exemples de traductions à l'oeil nu.

- L'exploration intensive de notre espace de recherche

Pour la comparaison de nos performances à celles de nos systèmes de référence, nous avons créé une configuration de fonctions de voisinage que nous avons nommée FPOPULAIRES qui regroupe les quatre fonctions les plus populaires, soit SPLIT, une de nos contributions, SPLIT-REPLACE, REPLACE et MERGE-REPLACE. L'utilisation de la configuration FPOPULAIRES s'est traduite par une accélération de 20% pour l'amorce CADTP et de 28% en post-optimisation en plus de mener à des performances similaires en termes de BLEU. Nous retenons donc la configuration CADTP + FPOPULAIRES comme étant la plus performante lorsque pour les amorces de type ADTP. Comme système de post-optimisation, la configuration CMULT + FPOPULAIRES s'est avérée légèrement meilleure. Par contre, en post-optimisation toujours, une dégradation généralisée des scores tels qu'obtenus par MOSES nous dévoile qu'il est possible que notre décodeur ne corrige pas les erreurs commises par ce dernier, pis encore, il en commet parfois des nouvelles.

Afin de voir ce que signifient les différences dans les scores BLEU observées dans les expériences relatées au paragraphe précédent, nous avons voulu analyser des exemples de traductions à l'oeil nu. Nous avons choisi quelques traductions parmi un lot sélectionné de manière aléatoire. Nous remarquons qu'il y a parfois des erreurs dans les traductions de provenance humaine. Certes, MOSES fournit les meilleures traductions statistiques, mais les différences ne sont pas toujours flagrantes et rappelons que notre décodeur est près de 4 fois[17] plus rapide que celui de MOSES. En fait, tel que nous l'avons démontré, la configuration FPOPULAIRES est de 20% à 28% plus rapide que la configuration proposée par Langlais et al. (2007). De plus, en post-optimisation, nous notons que parfois, notre décodeur corrige MOSES correctement, parfois incorrectement et parfois pas du tout. Nous croyons qu'un meilleur calibrage pourrait améliorer la capacité de notre décodeur à *revenir en arrière* en corrigeant les erreurs de MOSES de manière non-continue. Toutefois, nous croyons également que la taille du faisceau de ce dernier, soit 100[18] préfixes, lui confère la capacité d'effectuer ce retour, peut-être même plus convenablement que le fait notre décodeur.

La dernière série d'expériences que nous avons effectuées porte sur l'exploration de l'espace de recherche en échappant aux maximums locaux. Nous avons permis à notre décodeur d'effectuer des transformations qui ne maximisent pas notre fonction de score. Nos résultats nous montrent que malgré près de

---

[17]Selon la performance du décodeur implémenté par (Langlais et al., 2007) en C++, dont le comportement est fidèlement reproduit par notre décodeur.

[18]Valeur par défaut, http ://www.statmt.org/moses/ ?n=Moses.Tutorial#ntoc8

deux jours de calculs en moyenne, notre décodeur est incapable d'améliorer ses résultats de manière significative selon la métrique BLEU. Ceci nous amène à penser que la recherche locale, telle que nous l'avons implémentée dans notre décodeur, nous mène à des traductions dont la qualité est difficile à améliorer sans un meilleur calibrage, ou sans changer d'approche complètement.

Dans notre travail, nous avons effectué une étude systématique de la recherche locale telle qu'appliquée à la traduction statistique. Nous avons développé une approche plus performante que celle proposée par Langlais et al. (2007) et s'exécutant beaucoup plus rapidement que celle implémentée dans le système de traduction statistique à l'état de l'art MOSES. Malgré cela, BLEU préfère les traductions provenant de ce dernier. Toutefois, nous avons vu qu'à l'oeil nu, ce qui les sépare est parfois mince. Notre décodeur parvient à corriger certaines erreurs de MOSES en post-optimisation, mais pas toujours. Parfois, il en insère même des nouvelles. Nous croyons qu'un meilleur calibrage de notre décodeur pourrait combler en partie les déficits que nous venons d'identifier. En contrepartie, notre décodeur permet l'accès à des traductions complètes tout au long de la recherche, facilitant ainsi l'incorporation de modèles globaux à effets bénéfiques difficilement intégrables à MOSES, tel un modèle de langue inversé. De plus, cette caractéristique de notre décodeur autorise l'arrêt de la recherche à n'importe quel moment, tout en assurant la livraison d'une traduction complète. Nous affirmons donc que la recherche locale est une alternative viable à l'exploration de l'espace des préfixes par PD pour l'étape de recherche en traduction statistique avec distorsion. Elle facilite l'incorporation de modèles globaux, peu compatibles avec l'exploration de l'espace des préfixes et permet de corriger ses erreurs, ou celles d'un autre décodeur, de manière non-continue. Elle offre la possibilité de résoudre ce problème NP-complet plus rapidement et dans un espace mémoire fixe, sans baisse de qualité majeure.

CHAPITRE 5

CONCLUSION

La traduction est une tâche millénaire qui participe à tout échange culturel, intellectuel ou commercial entre groupes et nations ne communiquant pas dans la même langue. La tendance récente visant son automatisation à l'aide de modèles statistiques se base sur un concept lui aussi millénaire, caractérisé par la codification de la pensée et/ou du comportement humains, soit l'intelligence artificielle.

La traduction statistique comporte trois défis principaux (Brown et al., 1993), soit modéliser la langue, modéliser la traduction et maximiser l'interaction entre ces modèles. Ces trois défis sont encapsulés dans l'équation 2.2, reprise ci-dessous. Le dernier défi, couramment nommé l'étape de la recherche, constitue un problème NP-complet lorsqu'on permet la distorsion, et c'est sur ce défi que porte notre travail.

$$\hat{e} = \underset{e}{\mathsf{argmax}} \; Pr(\mathbf{e})Pr(\mathbf{f}|\mathbf{e})$$

L'état de l'art en traduction statistique veut que la recherche soit effectuée à l'aide d'algorithmes explorant l'espace des préfixes par programmation dynamique aidée d'un faisceau. Nous postulons qu'il existe une alternative viable à cette approche qui, selon nous, manque de flexibilité, en plus d'être inefficace sur le plan computationnel. Nous croyons qu'une telle alternative est la recherche locale.

Nous avons pris comme point de départ le travail de Langlais et al. (2007) afin d'effectuer une étude systématique de la recherche locale en traduction statistique. L'instanciation de recherche locale que nous avons sélectionnée, l'algorithme glouton, s'amorce à l'aide d'un état initial, une traduction grossière, à partir de laquelle on se déplace vers des états voisins qui maximisent une fonction de score. On appelle cet état initial l'*amorce*. Les *fonctions de voisinage* engendrent l'entourage immédiat vers lequel on peut se déplacer à partir de cet état initial.

Un des avantages de la recherche locale telle que nous l'avons implémentée est que l'on peut modifier n'importe quelle partie de l'hypothèse, tâche ardue lors de l'exploration de l'espace des préfixes à l'aide d'un faisceau. Dans le cadre de cette dernière, on construit les préfixes de manière continue, par exemple de gauche à droite pour les langues qui se lisent dans ce sens. Toute modification provient donc soit du remplacement du dernier segment lors de la construction du préfixe, soit d'autres préfixes qui ont survécu à l'élagage exécuté par le faisceau. Il serait intéressant de vérifier l'applicabilité d'une approche par faisceau telle que nous l'avons décrite au chapitre 2. Tout comme cette approche aide MOSES à *retourner en arrière* et sélectionner des préfixes de rechange de manière convenable, nous croyons qu'une approche par faisceau pourrait fournir à la recherche locale un espace de recherche plus complet en élargissant le voisinage de la ou les solutions courantes, facilitant ainsi la correction non-continue.

Un autre avantage lié à l'utilisation d'un algorithme glouton est l'accès à une traduction complète tout au long de l'étape de la recherche, nous permettant d'arrêter la recherche à n'importe quel point. De plus, ceci nous a permis d'incorporer un modèle global difficilement utilisable dans la recherche par exploration de l'espace des préfixes, soit un modèle de langue inversé. Nous croyons donc qu'il serait intéressant dans le futur de faire usage d'autres modèles globaux, faciles à intégrer à la recherche locale. Des modèles qui, par exemple, évaluent la justesse syntaxique ou grammaticale de nos traductions, comptabilisant ainsi plus d'éléments langagiers pertinents à la qualité d'une traduction.

Nous avons conduit des expériences nous permettant d'évaluer l'impact de différents types d'amorces et de fonctions de voisinage en plus de nous fournir des données sur la plus-value associée à l'utilisation d'un modèle de langue inversé et de la possibilité de corriger des erreurs en effectuant des modifications de manière non-continue. Ce que nous avons trouvé nous mène à croire qu'une de nos contributions, la configuration de fonctions de voisinage POPULAIRES, regroupant les fonctions MERGE-REPLACE, REPLACE, SPLIT-REPLACE et SPLIT, offre le meilleur rapport qualité-coût, autant pour les amorces de type ADTP, créées à l'aide de la segmentation par notre décodeur, que pour la post-optimisation. Notons que cette dernière fonction, soit la fonction SPLIT, est également une de nos contributions. Nous affirmons, de plus, que l'utilisation du modèle de langue inversé est toujours prescrit.

Nos résultats se comparent favorablement à ceux du système de Langlais et al. (2007), mais défavorablement à ceux de MOSES. En fait, lors de la post-optimisation, la recherche locale dégrade le score BLEU des traductions provenant de MOSES. Nous croyons qu'un calibrage plus sophistiqué pourrait remédier à la situation. Par contre, bien que MOSES livre toujours des traductions qui ont un score BLEU plus élevé, une comparaison qualitative à l'oeil nu des traductions de notre système vis-à-vis de celles de MOSES démontre des différences souvent minimes et que certaines erreurs commises par MOSES sont bel et bien corrigées.

Dans une autre série d'expériences, nous avons permis à notre système d'effectuer des déplacements qui vont dans le sens contraire de la maximisation de notre fonction de score afin d'explorer une plus grande partie de l'espace de recherche. Suite à près de deux jours de calculs en moyenne, nos résultats se sont dégradés plus souvent qu'ils ne se sont améliorés. Ceci nous amène à croire que notre approche dirige la recherche vers une solution localement maximale tout à fait raisonnable.

Nous croyons que l'espace de recherche est créé par l'interaction entre l'amorce, la configuration de fonctions de voisinage, les modèles de langue et de traduction et la fonction de score. Une approche par faisceau pourrait élargir cet espace de recherche, augmentant probablement la qualité de nos traductions. De plus, nous sommes convaincus qu'un calibrage plus sophistiqué de notre fonction de score à l'aide de techniques telles MERT dirigerait sa maximisation vers des solutions plus intéressantes encore et faciliterait l'incorporation de modèles globaux supplémentaires.

En conclusion, nous avançons que la recherche locale telle qu'appliquée à l'étape de la recherche en traduction statistique produit des textes traduits de qualité comparable à ceux produits à l'aide d'algorithmes explorant l'espace des préfixes par programmation dynamique à l'aide d'un faisceau. Contrairement à ces derniers, la recherche locale prend avantage de la possibilité d'effectuer des modifications non-continues et de la facilité liée à l'incorporation de modèles globaux dont l'utilisation nécessite des traductions complètes. La disponibilité de ces dernières nous permet également d'arrêter la recherche à n'importe quel point et d'être assurés d'obtenir une traduction complète. Qui plus est, la recherche locale solutionne le problème NP-complet qu'est la recherche avec distorsion en traduction statistique dans un temps et un espace mémoire considérablement inférieurs à ce qui est nécessaire pour le décodage à l'aide de systèmes à l'état de l'art tel MOSES. La recherche locale est donc une alternative viable à l'exploration de l'espace des préfixes par programmation dynamique aidée d'un faisceau pour la recherche en traduction statistique.

BIBLIOGRAPHIE

A.L. Berger, P.F. Brown, S.A. Della Pietra, V.J. Della Pietra, J.R. Gillett, J.D. Lafferty, R.L. Mercer, H. Printz et L. Ureš. The Candide system for machine translation. Dans *Proceedings of the workshop on Human Language Technology, March*, pages 08–11, 1994.

L. Birnbaum. Rigor mortis. *Artificial Intelligence*, 47:57–77, 1991.

P.F. Brown, V.J. Della Pietra, S.A Della Pietra et R.L. Mercer. The mathematics of statistical machine translation : parameter estimation. *Computational Linguistics*, 19(2), 1993.

S. Chen et J. Goodman. An empirical study of smoothing techniques for language modeling (Tech. Rep. No. TR-10-98). *Cambridge, MA : Harvard University*, 1998.

S.F. Chen. *Building probabilistic models for natural language.* Thèse de doctorat, Harvard University, 1996.

U. Germann. Greedy decoding for statistical machine translation in almost linear time. Dans *NAACL '03 : Proceedings of the 2003 Conference of the North American Chapter of the Association for Computational Linguistics on Human Language Technology*, pages 1–8, Morristown, NJ, USA, 2003. Association for Computational Linguistics.

U. Germann, M. Jahr, K. Knight, D. Marcu et K. Yamada. Fast decoding and optimal decoding for machine translation. Dans *ACL '01 : Proceedings of the 39th Annual Meeting on Association for Computational Linguistics*, pages 228–235, Morristown, NJ, USA, 2001. Association for Computational Linguistics.

I.J. Good. The population frequencies of species and the estimation of population parameters. *Biometrika*, 40(3-4):237, 1953.

J. Haugeland. *Artificial intelligence : The very idea.* MIT press, 1989.

J. Hutchins. Machine translation over fifty years. *Histoire Epistémologie Langage*, 23(1):7–31, 2001.

S. Katz. Estimation of probabilities from sparse data for the language model component of a speech recognizer. *IEEE Transactions on Acoustics, Speech and Signal Processing*, 35(3):400–401, 1987.

D. Kirsh. Foundations of artificial intelligence : The big issues. *Artificial Intelligence*, 47(1-3):3–30, 1991.

R. Kneser et H. Ney. Improved backing-off for m-gram language modeling. Dans *International Conference on Acoustics, Speech, and Signal Processing, 1995*, volume 1, pages 181–184. IEEE, 1995.

K. Knight. Decoding complexity in word-replacement translation models. *Computational Linguistics*, 25(4), 1999.

P. Koehn. Pharaoh : A beam search decoder for phrase-based statistical machine translation models. Dans *AMTA*, pages 115–124, 2004.

P. Koehn. *Moses Statistical Machine Translation System User Manual and Code Guide*, 2010.

P. Koehn, H. Hoang, A. Birch, C. Callison-Burch, M. Federico, N. Bertoldi, B. Cowan, W. Shen, C. Moran, R. Zens et al. Moses : Open source toolkit for statistical machine translation. Dans *Proceedings of the 45th Annual Meeting of the ACL on Interactive Poster and Demonstration Sessions*, pages 177–180. Association for Computational Linguistics, 2007.

P. Koehn, F.J. Och et D. Marcu. Statistical phrase-based translation. Dans *NAACL '03 : Proceedings of the 2003 Conference of the North American Chapter of the Association for Computational Linguistics on Human Language Technology*, pages 48–54, Morristown, NJ, USA, 2003. Association for Computational Linguistics.

P. Langlais, A. Patry et F. Gotti. A greedy decoder for phrase-based statistical machine translation. Dans *Proceedings of the 11th International Conference on Theoretical and Methodological Issues in Machine Translation*, pages 104–113, 2007.

P. Langlais, A. Patry et F. Gotti. Recherche locale pour la traduction statistique à base de segments. TALN, 2008.

D. Marcu. Towards a unified approach to memory-and statistical-based machine translation. Dans *Proceedings of the 39th Annual Meeting on Association for Computational Linguistics*, page 393. Association for Computational Linguistics, 2001.

A.A. Markov. An example of statistical investigation in the text of « Eugene Onyegin » illustrating coupling of tests in chains. *Proceedings of the Academy of Science, St. Petersburg*, 7:153–162, 1913.

A. Newell et H.A. Simon. GPS, a program that simulates human thought. *Computers and thought*, pages 279–293, 1963.

S. Nießen, S. Vogel, H. Ney et C. Tillmann. A DP based search algorithm for statistical machine translation. Dans *Proceedings of the 17th international conference on Computational linguistics*, pages 960–967, Morristown, NJ, USA, 1998. Association for Computational Linguistics.

F.J. Och. Minimum error rate training in statistical machine translation. Dans *ACL '03 : Proceedings of the 41st Annual Meeting on Association for Computational Linguistics*, pages 160–167, Morristown, NJ, USA, 2003. Association for Computational Linguistics.

K. Papineni, S. Roukos, T. Ward et W.-J. Zhu. Bleu : a method for automatic evaluation of machine translation. Dans *Proceedings of the Association of Computational Linguistics*, pages 311–318, 2002.

S.J. Russell et P. Norvig. *Artificial intelligence : a modern approach*. Prentice Hall, 3rd édition, 2010.

A. Stolcke. SRILM-an extensible language modeling toolkit. Dans *Seventh International Conference on Spoken Language Processing*, volume 3, 2002.

C. Tillman, S. Vogel, H. Ney, H. Sawaf et A. Zubiaga. Accelerated DP based search for statistical translation. Dans *Proceedings of the 5th European Conference on Speech Communication and Technology*, pages 2667–2670, Rhodes, Greece, September 1997.

A.M. Turing. Computing machinery and intelligence. *Mind*, 59(236):433–460, 1950.

D. Vernant. *Introduction à la philosophie de la logique*. P. Mardaga, 1986.

T. Watanabe et E. Sumita. Example-based decoding for statistical machine translation. Dans *Machine Translation Summit IX*, pages 410–417, 2003.

Annexe I

Résultats complets

I.1 Résultats pour traductions obtenues sans et avec l'aide d'un modèle de langue inversé

Type d'amorce	Configs de fonctions de voisinage			
	AUCUNE	FBASE	SANSMOVE	TOUTES
SMOSES	32.44	31.37	31.37	31.25
CMULT	32.24	31.37	31.35	31.26
CADTP	27.55	30.42	30.37	30.30
ADTP-GD	25.44	30.11	30.06	29.99
ADTP-DG	26.81	30.52	30.43	30.42
ADTP-PD	26.85	30.55	30.44	30.44
ADTP-AL	18.51	29.30	29.28	28.78

Tableau I.1 – Scores BLEU pour la traduction du français vers l'anglais sans modèle de langue inversé.

Type d'amorce	Configs de fonctions de voisinage			
	AUCUNE	FBASE	SANSMOVE	TOUTES
SMOSES	32.44	31.54	31.51	31.5
CMULT	32.47	31.60	31.57	31.57
CADTP	29.29	30.79	30.66	30.64
ADTP-GD	24.97	30.39	30.36	30.34
ADTP-DG	26.56	30.71	30.66	30.66
ADTP-PD	26.63	30.70	30.65	30.66
ADTP-AL	18.40	30.28	29.79	29.46

Tableau I.2 – Scores BLEU pour la traduction du français vers l'anglais avec modèle de langue inversé.

Type d'amorce	Configs de fonctions de voisinage			
	AUCUNE	FBASE	SANSMOVE	TOUTES
SMOSES	32.16	30.12	30.1	30.08
CMULT	32.03	30.12	30.1	30.08
CADTP	24.76	29.06	29.11	29.11
ADTP-GD	22.14	28.95	28.94	28.94
ADTP-DG	24.15	28.94	28.92	28.91
ADTP-PD	24.21	28.73	28.85	28.84
ADTP-AL	15.33	27.96	27.63	27.35

Tableau I.3 – Scores BLEU pour la traduction de l'anglais vers le français sans modèle de langue inversé.

Type d'amorce	Configs de fonctions de voisinage			
	AUCUNE	FBASE	SANSMOVE	TOUTES
SMOSES	32.16	30.44	30.42	30.4
CMULT	31.99	30.42	30.41	30.38
CADTP	24.52	29.03	29.12	29.14
ADTP-GD	22.00	28.73	28.77	28.79
ADTP-DG	24.05	28.94	29.01	29.05
ADTP-PD	24.09	28.95	29.01	29.05
ADTP-AL	15.60	28.35	28.05	28.04

Tableau I.4 – Scores BLEU pour la traduction de l'anglais vers le français avec modèle de langue inversé.

Type d'amorce	Configs de fonctions de voisinage			
	AUCUNE	FBASE	SANSMOVE	TOUTES
SMOSES	32.41	30.99	31.0	30.98
CMULT	32.40	30.98	31.01	30.98
CADTP	27.32	30.37	30.34	30.30
ADTP-GD	25.56	29.85	29.72	29.70
ADTP-DG	26.95	30.20	30.21	30.23
ADTP-PD	26.98	30.22	30.22	30.23
ADTP-AL	19.78	29.29	29.18	28.72

Tableau I.5 – Scores BLEU pour la traduction de l'espagnol vers l'anglais sans modèle de langue inversé.

Type d'amorce	Configs de fonctions de voisinage			
	AUCUNE	FBASE	SANSMOVE	TOUTES
SMOSES	32.41	31.18	31.19	31.19
CMULT	32.42	31.19	31.18	31.17
CADTP	27.37	30.33	30.24	30.29
ADTP-GD	25.66	29.82	29.66	29.69
ADTP-DG	27.09	30.30	30.25	30.29
ADTP-PD	27.12	30.29	30.23	30.28
ADTP-AL	20.11	28.94	28.79	28.83

Tableau I.6 – Scores BLEU pour la traduction de l'espagnol vers l'anglais avec modèle de langue inversé.

Type d'amorce	Configs de fonctions de voisinage			
	AUCUNE	FBASE	SANSMOVE	TOUTES
SMOSES	31.75	30.69	30.63	30.63
CMULT	31.69	30.7	30.64	30.64
CADTP	24.84	29.21	29.16	29.15
ADTP-GD	22.87	29.09	29.11	29.12
ADTP-DG	24.16	28.83	28.78	28.76
ADTP-PD	24.21	28.85	28.79	28.77
ADTP-AL	15.57	28.65	28.43	28.01

Tableau I.7 – Scores BLEU pour la traduction de l'anglais vers l'espagnol sans modèle de langue inversé.

Type d'amorce	Configs de fonctions de voisinage			
	AUCUNE	FBASE	SANSMOVE	TOUTES
SMOSES	31.75	31.08	31.05	31.04
CMULT	31.72	31.06	31.03	31.02
CADTP	25.08	29.64	29.54	29.52
ADTP-GD	23.11	29.41	29.44	29.34
ADTP-DG	24.34	29.23	29.17	29.14
ADTP-PD	24.38	29.26	29.21	29.18
ADTP-AL	16.02	29.16	28.75	28.51

Tableau I.8 – Scores BLEU pour la traduction de l'anglais vers l'espagnol avec modèle de langue inversé.

Type d'amorce	Configs de fonctions de voisinage			
	AUCUNE	FBASE	SANSMOVE	TOUTES
SMOSES	27.37	26.4	26.45	26.45
CMULT	27.31	26.41	26.45	26.45
CADTP	21.36	25.47	25.53	25.60
ADTP-GD	20.11	25.25	25.43	25.48
ADTP-DG	20.38	25.44	25.46	25.64
ADTP-PD	20.39	25.44	25.45	25.64
ADTP-AL	17.51	24.82	24.48	24.51

Tableau I.9 – Scores BLEU pour la traduction de l'allemand vers l'anglais sans modèle de langue inversé.

Type d'amorce	Configs de fonctions de voisinage			
	AUCUNE	FBASE	SANSMOVE	TOUTES
SMOSES	27.37	26.56	26.58	26.59
CMULT	27.35	26.57	26.58	26.58
CADTP	21.55	25.58	25.65	25.69
ADTP-GD	20.14	25.50	25.56	25.60
ADTP-DG	20.48	25.64	25.63	25.73
ADTP-PD	20.48	25.65	25.63	25.75
ADTP-AL	17.62	25.00	24.77	24.42

Tableau I.10 – Scores BLEU pour la traduction de l'allemand vers l'anglais avec modèle de langue inversé.

Type d'amorce	Configs de fonctions de voisinage			
	AUCUNE	FBASE	SANSMOVE	TOUTES
SMOSES	20.59	19.75	19.74	19.76
CMULT	20.49	19.75	19.75	19.76
CADTP	15.31	18.78	18.78	18.77
ADTP-GD	14.08	18.41	18.36	18.40
ADTP-DG	14.78	18.70	18.72	18.67
ADTP-PD	14.78	18.68	18.71	18.66
ADTP-AL	10.68	18.53	18.37	18.18

Tableau I.11 – Scores BLEU pour la traduction de l'anglais vers l'allemand sans modèle de langue inversé.

Type d'amorce	Configs de fonctions de voisinage			
	AUCUNE	FBASE	SANSMOVE	TOUTES
SMOSES	20.59	19.99	19.97	19.96
CMULT	20.54	19.99	19.97	19.97
CADTP	15.37	19.01	19.06	18.98
ADTP-GD	14.10	18.94	18.99	18.98
ADTP-DG	14.66	18.73	18.66	18.66
ADTP-PD	14.69	18.75	18.69	18.68
ADTP-AL	10.41	18.15	18.14	17.85

Tableau I.12 – Scores BLEU pour la traduction de l'anglais vers l'allemand avec modèle de langue inversé.

Exemples de traductions

II.1 Traductions du français vers l'anglais

SOURCE	il faut imposer un service public européen de haut niveau , en y incluant les mobiles et internet , répondant aux besoins fondamentaux des salariés et des usagers .
RÉFÉRENCE	a high quality european public service must be imposed , to include mobiles phones and the internet , to meet the basic needs of employees and users .
SMOSES	we must impose a european public service of high level , including the mobile and internet , responding to the basic needs of the workers and users .
SMOSES + FBASE	we must impose a european public service of high level , including in the mobile and internet , responding to the basic needs of the workers and users .
SMOSES + FPOPULAIRES	we must impose a european public service of high level , including in the mobile and internet , responding to the basic needs of the workers and users .
CMULT + FBASE	we must impose a european public service of high level , including in the mobile and internet , responding to the basic needs of the workers and users .
CMULT + FPOPULAIRES	we must impose a european public service of high level , including in the mobile and internet , responding to the basic needs of the workers and users .
ADTP-PD + FBASE	we must impose a european public service of high level , including in the mobile and internet , responding to the basic needs of workers and users .
CADTP + FBASE	we must impose a european public service of high level , including in the mobile and internet , responding to the basic needs of workers and users .
CADTP + FPOPULAIRES	we must impose a european public service of high level , including in the mobile and internet , responding to the basic needs of workers and users .

Tableau II.1 – Exemple d'une phrase à traduire, de sa traduction par un humain et de traductions statistiques de cette même phrase.

SOURCE	je comprends , à la lueur des derniers développements , que la commission ait décidé d' adopter une ligne plus dure - et à juste titre - à l' égard de la corée du sud .
RÉFÉRENCE	in the light of the latest development , i can appreciate why the commission has , with good reason , adopted a harder line on south korea .
SMOSES	i understand , in the light of recent developments , that the commission has decided to take a tougher line - and rightly so - to the south korea .
SMOSES + FBASE	i understand , in the light of recent developments , that the commission has decided to take a tougher line - and rightly so - to south korea .
SMOSES + FPOPULAIRES	i understand , in the light of recent developments , that the commission has decided to take a tougher line - and rightly so - to south korea .
CMULT + FBASE	i understand , in the light of recent developments , that the commission has decided to take a tougher line - and rightly so - to south korea .
CMULT + FPOPULAIRES	i understand , in the light of recent developments , that the commission has decided to take a tougher line - and rightly so - to south korea .
ADTP-PD + FBASE	i understand , in the light of recent developments , that the commission has decided to take a tougher line - and rightly so - to the south korea .
CADTP + FBASE	i understand , in the light of recent developments , that the commission has decided to take a tougher line - and rightly so - to the south korea .
CADTP + FPOPULAIRES	i understand , in the light of recent developments , that the commission has decided to take a tougher line - and rightly so - to the south korea .

Tableau II.2 – Exemple d'une phrase à traduire, de sa traduction par un humain et de traductions statistiques de cette même phrase.

II.2   Traductions de l'anglais vers le français

SOURCE	these are the results of which the european parliament too can be proud .
RÉFÉRENCE	le parlement européen peut être fier de ces résultats lui aussi .
SMOSES	tels sont les résultats dont le parlement européen peut être fier .
SMOSES + FBASE	ce sont les résultats dont le parlement européen peut être fière .
SMOSES + FPOPULAIRES	ce sont les résultats dont le parlement européen peut être fière .
CMULT + FBASE	ce sont les résultats dont le parlement européen peut être fière .
CMULT + FPOPULAIRES	ce sont les résultats dont le parlement européen peut être fière .
ADTP-PD + FBASE	tels sont les résultats de laquelle le parlement européen trop peut être fière .
CADTP + FBASE	tels sont les résultats de laquelle le parlement européen trop peut être fière .
CADTP + FPOPULAIRES	tels sont les résultats de lequel le parlement européen peut être fier .

Tableau II.3 – Exemple d'une phrase à traduire, de sa traduction par un humain et de traductions statistiques de cette même phrase.

SOURCE	finally , leaders agreed to encourage an intensification of contacts among parliamentarians as set out in the cooperation framework .
RÉFÉRENCE	enfin , les dirigeants ont décidé d' encourager une intensification des contacts interparlementaires , comme cela est prévu dans le cadre de coopération .
SMOSES	enfin , les dirigeants sont d' accord pour encourager une intensification des contacts entre députés tels que définis dans le cadre de cette coopération .
SMOSES + FBASE	enfin , les dirigeants sont d' accord pour encourager une intensification des contacts entre députés tels que définis dans le cadre de coopération .
SMOSES + FPOPULAIRES	enfin , les dirigeants sont d' accord pour encourager une intensification des contacts entre députés tels que définis dans le cadre de coopération .
CMULT + FBASE	enfin , les dirigeants sont d' accord pour encourager une intensification des contacts entre députés tels que définis dans le cadre de coopération .
CMULT + FPOPULAIRES	enfin , les dirigeants sont d' accord pour encourager une intensification des contacts entre députés tels que définis dans le cadre de coopération .
ADTP-PD + FBASE	enfin , les dirigeants convenu à encourager une intensification des contacts entre députés tels que définis dans la coopération cadre .
CADTP + FBASE	enfin , les dirigeants sont d' accord pour encourager une intensification des contacts entre parlementaires tels que définis dans le cadre de coopération .
CADTP + FPOPULAIRES	enfin , les dirigeants sont d' accord pour encourager une intensification des contacts entre les parlementaires tel que défini dans le cadre de coopération .

Tableau II.4 – Exemple d'une phrase à traduire, de sa traduction par un humain et de traductions statistiques de cette même phrase.

SOURCE	the women ' s movement can only be strengthened by such a decision .
RÉFÉRENCE	la cause des femmes ne peut qu' être renforcée par une telle décision .
SMOSES	les mouvements féministes ne peut être que renforcée par une telle décision .
SMOSES + FBASE	les mouvements féministes ne peut être renforcée par une telle décision .
SMOSES + FPOPULAIRES	les mouvements féministes ne peut être renforcée par une telle décision .
CMULT + FBASE	les mouvements féministes ne peut être renforcée par une telle décision .
CMULT + FPOPULAIRES	les mouvements féministes ne peut être renforcée par une telle décision .
ADTP-PD + FBASE	les femmes " la circulation ne peut être renforcée par une telle décision .
CADTP + FBASE	les mouvements féministes ne peut être renforcée par une telle décision .
CADTP + FPOPULAIRES	les mouvements féministes ne peut être que renforcée par une telle décision .

Tableau II.5 – Exemple d'une phrase à traduire, de sa traduction par un humain et de traductions statistiques de cette même phrase.